# LA
# POLITIQUE FRANÇAISE
## EN CHINE

### DEPUIS LES TRAITÉS DE 1858 ET DE 1860

PAR

## PROSPER GIQUEL

LIEUTENANT DE VAISSEAU

DIRECTEUR DE L'ARSENAL DE FOU-TCHÉOU ( CHINE )

PARIS

LIBRAIRIE DE GUILLAUMIN ET Cⁱᵉ

14, RUE RICHELIEU, 14

—

Décembre 1872

LA

# POLITIQUE FRANÇAISE

## EN CHINE

DEPUIS LES TRAITÉS DE 1858 ET DE 1860

Paris. — Typographie Georges Chamerot, rue des Saints-Pères, 19.

# LA
# POLITIQUE FRANÇAISE
## EN CHINE
### DEPUIS LES TRAITÉS DE 1858 ET DE 1860

PAR

## PROSPER GIQUEL

LIEUTENANT DE VAISSEAU

DIRECTEUR DE L'ARSENAL DE FOU-TCHÉOU ( CHINE )



## PARIS

LIBRAIRIE DE GUILLAUMIN ET Cie

14, RUE RICHELIEU, 14

—

Décembre 1872

# LA
# POLITIQUE FRANÇAISE
## EN CHINE

### DEPUIS LES TRAITÉS DE 1858 ET DE 1860

Les tristes événements survenus à l'improviste en Chine au mois de juin 1870 et connus sous le nom de *massacres de Tientsin* sont de ces faits qui imposent de graves réflexions et où la France devrait puiser enfin les leçons d'une sage politique à l'étranger.

Si la nouvelle de ce malheur nous était parvenue à une autre époque, elle eût certainement produit une émotion considérable ; mais les préoccupations du pays étaient alors sollicitées d'une manière bien autrement immédiate par l'ouverture de notre guerre contre la Prusse, et c'est à peine si le retentissement de ce qui venait de se passer dans l'extrême Orient put éveiller parmi nous de faibles échos. On a vu pendant plus d'une année l'ambassade chinoise envoyée dans le but spécial de régler les suites de cette affaire désastreuse, et plus sérieusement composée que les précédentes, on l'a vue, disons-nous, promenée en pleine guerre de Tours à Bordeaux, puis de Bordeaux à Versailles, et l'opinion publique est restée presque indifférente à l'importance de sa mission. Lorsqu'enfin elle a été reçue par le président de la République, l'attention s'est pour un moment portée vers elle, mais sans qu'aucune étude ou discussion préalable se fût même produite sur les conséquences que devait entraîner cet acte diplomatique. Et cependant pour que la France évite le retour en Chine de crises pareilles qui portent atteinte à son honneur et peuvent engager sa politique plus loin qu'elle ne le voudrait, elle doit en rechercher les causes et tendre à les détruire.

Il ne suffit pas que l'affaire de Tien-tsin soit terminée ; il faut savoir si une semblable tragédie ne peut pas se reproduire, et quels sont les moyens d'en empêcher le retour. Nous avons trouvé cette fois la Chine toute prête à reconnaître ses torts et à les réparer ; mais il ne faudrait pas négliger l'avertissement qui nous a été donné.

Le temps n'est certainement plus où, pour soutenir le prestige de notre influence, nous pouvions menacer, et [avec efficacité, les nations éloignées de la puissance de nos armes. C'est notre tour à présent de nous recueillir ; il faut même, ainsi qu'on le répète volontiers, *nous refaire à neuf.* De plus nous avons appris, par nos expéditions de Chine, de Syrie et du Mexique, que la France ne gagne rien aux entreprises de ce genre, et qu'elle paye fort cher le peu de gloire qu'elle en retire. Ces expéditions coûteuses auraient dû avoir au moins [pour résultat d'ouvrir à notre commerce des débouchés nouveaux et d'élargir le cercle de ses relations, qui n'ont qu'une tendance trop marquée à graviter dans un étroit horizon ; en ce qui concerne la Chine, ce but, si l'on se l'est proposé, a été manqué : les Anglais, même pour les soies que nous consommons, sont demeurés nos courtiers dans cette partie du monde. La prudence exige donc que tout en sauvegardant les intérêts présentement engagés, nous évitions ce qui peut nous créer des difficultés, et que nous nous abstenions de paraître sur les points où notre intervention n'est pas rigoureusement appelée.

On se propose dans cette étude de montrer où sont nos véritables intérêts en Chine, et d'en préciser l'exacte étendue. Nous examinerons quelles sont les conditions de notre commerce dans ce pays, celles des missions catholiques que la France a prises sous sa sauvegarde, et de quelle manière on pourrait assurer à ces différents intérêts une base solide et exempte de dangers. Pour mieux insister sur la nécessité d'une politique prudente et réservée, nous tâcherons aussi d'expliquer à quels sacrifices la France devrait être prête, si un jour elle se voyait obligée, pour soutenir l'honneur de son pavillon, de faire reprendre à ses troupes le chemin de Pékin.

## I.

Il est inutile de chercher des négociants français dans un autre port de la Chine que Shanghaï. Parmi les maisons étrangères qui font dans cette ville le commerce des soies, cinq seulement sont françaises ; elles exportent de 6,000 à 8,000 balles par an sur 45,000 que comprend en moyenne l'exportation totale. Si l'on ajoute trois ou quatre magasins de détail, l'agence des Messageries nationales et celle du Comptoir d'escompte, on aura le bilan exact de nos établissements commerciaux. C'est absolument ce qui existait à Shanghaï en 1864. La compagnie des Messageries, dont les magnifiques paquebots continuent à justifier la réputation sur la ligne de l'Indo-Chine et du Japon, n'a pas, même au point de vue des affaires de la soie, réalisé les prévisions qu'on pouvait formuler en 1864. Des soies qu'elle apporte en France, une dizaine de milliers de balles au plus restent dans les magasins de Marseille et de Lyon ; le surplus ne fait que traverser la France pour rejoindre les marchés anglais.

Le port de Shanghaï lui-même, en dehors des intérêts français, a vu sa prospérité s'accroître considérablement. Les importations et les exportations, qui concernent surtout le négoce étranger, y sont arrivées à un chiffre moyen de 560 millions de francs par an. Les importations ne comprennent pourtant qu'un petit nombre d'articles, dont les principaux sont l'opium, les étoffes de laine et de coton, les métaux, les allumettes et le charbon; les exportations se composent surtout de thé, de soie et d'épices. Au chiffre de ces échanges s'ajoute celui des grandes opérations locales, lignes de *steamers*, bureaux d'assurances, banques, etc. Le nombre des établissements commerciaux n'est pas au-dessous de 150. Le port contient généralement au mouillage 80 navires, tant à voiles qu'à vapeur, sur lesquels la France ne compte que trois ou quatre navires à voiles et les *steamers* des Messageries qui attendent la malle. Enfin Shanghaï est reliée à l'Europe, depuis l'ouverture du canal de Suez, par des départs presque quotidiens de bateaux à vapeur; d'un autre côté, le télégraphe sous-marin permet aux résidents de recevoir des nouvelles immédiates de leurs correspondants, soit par la voie de l'Inde, soit par la voie de la Russie.

Cependant, importations, exportations et tonnage ne donnent à notre pays qu'un très-faible profit, et, si nous calculions comme les Anglais, pour lesquels une métropole ne doit de protection aux établissements de ses nationaux à l'étranger que dans la proportion de l'utilité qu'elle en retire, un simple consulat appuyé d'un navire de guerre serait tout ce que la France devrait à son commerce de Shanghaï. Nous avons pourtant trouvé moyen de nous créer dans ce port une responsabilité qui peut, à un moment donné, appeler de notre part une intervention active, et ceci à propos d'un terrain qui ne nous appartient pas, mais sur lequel nous tenons à exercer un véritable protectorat. Ce terrain est appelé à Shanghaï la *concession française.*

On sait que le mot concession désigne en Chine des terrains affectés à la résidence des étrangers dans les ports ouverts à leurs opérations. Le terme d'ailleurs est impropre, car les terrains dont il s'agit n'ont pas été concédés le moins du monde; les étrangers ne sont que les locataires perpétuels de ces terrains; ils payent un impôt foncier annuel au gouvernement chinois. Ce qui a contribué à faire adopter une pareille dénomination, c'est que les étrangers jouissent en ces endroits d'une espèce d'autonomie municipale, destinée à leur assurer un système de voirie, de police et de commodités commerciales conformes à leurs habitudes. Il y a eu dans le principe trois concessions : la concession anglaise, obtenue ou mieux délimitée en 1846, puis agrandie en 1861 ; la concession française, obtenue en 1849 et agrandie en 1861 ; la concession américaine, qui date de 1849. Elles devaient être d'abord soumises à des règlements communs de municipalité, publiés en 1854, après sanction de l'autorité chinoise, par les trois consuls de France, d'Angleterre et des États-Unis ; mais ces règlements, mis immédiatement en pratique sur les concessions anglo-saxonnes, n'ont pu l'être sur la nôtre, le gouvernement français, fort peu sympathique alors au principe de l'autonomie municipale, s'étant refusé à les admettre.

Pour bien comprendre comment le gouvernement chinois a pu, sur son propre territoire, déléguer en quelque sorte ses devoirs et ses droits d'administration à des étrangers établis chez lui, il faut se rappeler que par les traités ceux-ci se trouvent, comme dans le Levant, placés sous un régime d'*exterritorialité*, d'après lequel ils ne relèvent que de leurs propres consuls. Le but de cet arrangement, auquel il faudra, selon nous, enlever tôt ou tard ce qu'il a d'exclusif, a été de soustraire les étrangers au mode arriéré de la procédure et des pénalités du code chinois ; il épargne aussi à leur amour-propre la surveillance et les vexations de la police indigène. C'est donc un service spécial qui maintient l'ordre dans les concessions : il fonctionne sous le contrôle des consuls, des communautés elles-mêmes ou de leurs délégués. D'autre part, la race blanche a besoin, sous un climat qui est dur à supporter, de beaucoup d'air, de beaucoup de propreté, de larges rues, de promenades, nécessités complétement ignorées des Chinois. Enfin le service des navires à voiles et à vapeur exige, pour la commodité des opérations, des quais, des embarcadères, dont le besoin n'existait pas pour les jonques chinoises ; de là la nécessité d'un système de voirie et de travaux publics que les étrangers seuls pouvaient organiser.

Les règlements dont nous avons parlé ont pourvu à ces besoins divers par l'établissement d'une administration municipale ; ils ont été appliqués, sur les concessions anglaise et américaine, par des gens accoutumés à voir fonctionner un système pareil dans leur propre pays. Le conseil municipal de la concession anglaise ne devait d'abord se composer que de sujets britanniques ; mais, comme des étrangers de toute nationalité venaient également y fixer leur résidence et qu'on trouvait avantage à les recevoir, l'accès du conseil municipal fut bientôt ouvert à tous. En 1862, les concessions anglaise et américaine se sont réunies ; depuis elles portent simplement le nom de *concessions étrangères*, et sont devenues en réalité terrains neutres. Cette fusion d'intérêts en apparence divisés a porté ses fruits ; il s'est créé à Shanghaï une florissante république cosmopolite.

On nous permettra de donner quelques détails sur l'organisation de cette colonie d'une forme toute nouvelle. Les concessions renferment plusieurs éléments auxquels il convenait de faire une part. Ainsi il fallait ne pas enlever au gouvernement chinois la souveraineté du sol, qu'il n'avait jamais entendu abandonner ; il fallait laisser aux consuls l'autorité qui leur est dévolue et qui comprend le droit de justice sur leurs nationaux, enfin satisfaire aux stipulations des traités, d'après lesquelles eux seuls peuvent directement communiquer avec les autorités chinoises. Il était aussi de convenance et de bonne politique de faire d'eux les chefs de la famille commune, tout en laissant au conseil municipal, émanation directe des résidents, une liberté suffisante d'action. C'est en tenant compte de ces diverses conditions qu'ont été élaborés les règlements d'administration des concessions neutres de Shanghaï. La souveraineté du gouvernement chinois, déjà sanctionnée par l'impôt foncier que les locataires des terrains doivent acquitter, y est reconnue de plusieurs manières : les achats ou transferts de terrains délivrés par les consuls aux parties contractantes doivent être revêtus du sceau des autorités locales ; celles-ci ont droit de lever des taxes sur les concessions, pourvu qu'il s'agisse de taxes communes à tout l'empire et non particulières à la localité ; elles peuvent faire arrêter leurs nationaux sur les concessions après que leur mandat d'arrêt a été contre-signé par l'un des consuls, formalité que justifient trop souvent les agissements de la police chinoise. Quant à ces derniers, bien que la police et les services municipaux ne soient pas placés directement sous leurs ordres, c'est devant eux que sont traduits les délinquants pour injures à la paix publique, refus d'acquitter les taxes et autres délits de ce genre. Les mesures générales, avant d'être soumises à la sanction des ministres plénipotentiaires et du gouvernement chinois, sont discutées par le corps consulaire réuni en conseil. L'assemblée des contribuables est convoquée par le plus ancien des consuls à des époques fixes ou lorsque la demande en est faite par un nombre suffisant de résidents ; c'est aussi le plus ancien consul qui préside la séance. Les contribuables votent les taxes, qui portent sur les loyers, les terrains, le débarquement et l'embarquement des marchandises traversant les quais. Le conseil municipal est élu par les contribuables ; il perçoit les taxes et les applique aux travaux de la voirie, aux dépenses de la police et aux divers services municipaux placés sous sa direction exclusive.

La police, formée d'étrangers et de Chinois, agit au nom du conseil sans que ce dernier ait le pouvoir judiciaire et répressif, qui appartient à chacun des consuls pour les prévenus étrangers, et à un tribunal mixte, composé d'un employé consulaire subalterne et d'un mandarin pour les prévenus chinois. On peut assigner le conseil municipal en appelant son président devant le consul de la nation à laquelle il appartient ou devant la cour suprême anglaise, selon le cas. Telles sont les bases fort simples d'une organisation à l'aide de laquelle une population de 2,500 étrangers, d'un millier de gens de la classe maritime et de 100,000 Chinois est administrée de la façon la plus satisfaisante par une demi-douzaine de bourgeois sans traitement aucun, ayant sous leurs ordres une police d'environ 110 individus.

Ce qu'il y a de plus singulier dans cette organisation, c'est que les dispositions que nous venons de rapporter n'ont reçu des ministres plénipotentiaires aucune consécration officielle, et, qu'issues de la force des choses, elles demeurent à l'état d'essai depuis dix ans. Différents projets de constitution coloniale ont été successivement élaborés ; on parla même beaucoup dans un temps de faire des concessions neutres une sorte de ville libre, qu'on placerait hors de l'action du gouvernement chinois ; mais ce plan tomba de lui-même, avant d'être soumis à la sanction des consuls. En définitive on n'a rien trouvé qui fût préférable à l'organisation actuelle pour concilier les intérêts des étrangers et ceux des Chinois, bien qu'elle renferme certaines entraves à l'autorité des mandarins sur leurs nationaux ; ces entraves, dans l'état présent des esprits et des choses, paraissent indispensables, mais il était difficile aux gouvernements étrangers de les établir en principe.

La France a trouvé bon de rester isolée à Shanghaï et d'avoir une administration à part à côté de ces terrains neutres sur lesquels les autres nationalités se sont fondues. Les règlements qui devaient être communs aux trois concessions ayant été, nous l'avons vu, rejetés par le gouvernement impérial, notre consul fut chargé d'administrer seul la concession française. La situation devint bientôt difficile par l'accroissement de la population chinoise, dans le sein de laquelle la rébellion jeta des réfugiés par milliers, et par l'agrandissement de la concession, à laquelle on réunit en 1861 un vaste quartier chinois qui avait été incendié pour les besoins de la défense de la ville. Débordé de toutes parts, le consul obtint de créer une municipalité, qui fut établie toutefois sur ce principe, conséquent avec le système impérial, que le conseil administratif serait le délégué du consul et non pas, comme sur les concessions voisines, celui des contribuables, source rationnelle pourtant de toute autorité municipale. Les rapports du consul, du conseil et des contribuables, inaugurés d'après ce principe, ont été sanctionnés par des règlements officiels en 1866. La concession y fut traitée comme un terrain cédé à la France, dans le sens réel du mot.

Ces règlements ne résultaient pas des propositions des contribuables, c'était le ministre des affaires étrangères qui les avait envoyés tout d'une pièce et sans les soumettre à la discussion des intéressés. Ils ont laissé le gouvernement aux mains du consul, qui toutefois prend l'avis du conseil municipal, composé de huit membres : quatre Français et quatre étrangers. Ce conseil délibère, sous la présidence du consul, sur le budget des recettes et des dépenses, sur les tarifs de perception, sur les mesures et travaux de voirie ; la seule action des contribuables est d'en élire les membres et d'approuver leur gestion. Le consul dresse la liste électorale et convoque les électeurs : il a le droit de suspendre et de dissoudre le conseil, qui du reste ne se réunit que sur son invitation. Il peut également empêcher l'exécution des délibérations par un arrêté motivé et sous réserve de l'assentiment du ministre de France. Le conseil doit soumettre à son approbation les nominations qu'il fait aux emplois rentrant dans le service municipal. Le maintien de l'ordre et de la sécurité publique sur la concession, de même que la direction du corps de police, dont l'entretien est à la charge du budget municipal, restent exclusivement dans les attributions du consul ; il nomme les agents de police, les suspend ou les révoque. Aucun étranger ne peut être arrêté dans les limites de la concession française, même en vertu d'un mandat émanant d'un juge ou d'un tribunal de sa nation, sans l'autorisation du consul, et sans le concours de ses agents. Sur les concessions neutres, au contraire, chaque consul fait arrêter ses nationaux où et quand il le veut.

On le voit, la France a réglementé ici comme sur son propre territoire ; son représentant n'est autre chose qu'un préfet impérial dans tout l'éclat de son autorité. Il est maître absolu d'une police à l'entretien de laquelle la France n'a point de part, et que même, avec assez de sans-gêne, on déclare tout particulièrement être à la charge d'un budget municipal qu'alimentent pour la plus grosse part les contributions des résidents non français et des sujets chinois.

Il est facile d'apercevoir les embarras que peuvent créer à la France cet isolement, ce rôle égoïste, si peu conforme à son caractère généreux. Il lui impose le devoir de défendre seule ce coin de terre qui ne lui rapporte rien, où elle n'a pu développer jusqu'ici son commerce et son industrie. Sur les concessions anglo-américaines, aucune nationalité n'a plus de responsabilité morale qu'une autre pour la défense des résidents. Si l'Angleterre est tenue, le cas échéant, par le développement supérieur de ses intérêts et le nombre plus considérable de ses nationaux et de ses navires, de prendre matériellement à sa charge la majeure part des moyens d'action, elle s'est acquis, en rendant sa concession neutre, le droit moral de pouvoir faire appel au concours des autres. Nous au contraire, isolés comme nous le sommes, devant un danger qui menacerait notre concession, à qui pourrions-nous recourir?

La concession française, outre 60,000 Chinois, compte environ 460 étrangers, sur lesquels 232 Français, dont une vingtaine au plus sont de vrais commerçants ; les autres, ou bien dépendent de la police et des services de l'administration municipale, ou ne sont qu'à l'état de passage et ne forment qu'un groupe flottant. La majeure partie des maisons de commerce françaises n'est même pas établie sur notre concession ; elle est dispersée sur les terrains voisins, où l'on est à proximité des banques et où l'on trouve un plus grand choix d'immeubles.

Il est donc permis d'affirmer que la concession est sans importance pour nos intérêts commerciaux, et nous ne figurons que pour une faible part dans le mouvement assez considérable d'affaires qu'on peut y signaler. Nous y avons, il est vrai, des intérêts fonciers assez étendus, car ce fut une excellente spéculation d'y acheter des terrains et de construire à la hâte des maisons légères qui servaient d'asile aux réfugiés de la grande rébellion chinoise ; mais cette spéculation n'a eu qu'un temps. Le flot des réfugiés, poussé et grossi par la tourmente, s'est retiré avec le calme ; les terrains ont perdu de leur valeur et ont passé dans d'autres mains. Les Français ne sont pas les seuls propriétaires ou, pour être plus exact, les seuls locataires perpétuels des terrains de la concession ; beaucoup de titres ont été transférés à des individus d'autres nationalités.

On pourra dire en faveur de notre concession de Shanghaï que les intérêts de l'œuvre de la Propagation de la Foi y sont largement représentés, que plusieurs missions y ont leurs procures, lesquelles administrent des terrains et des maisons dont la location sert à l'entretien des missions, qu'enfin l'église paroissiale catholique s'y élève. Nous répondrons que les missionnaires sont répandus par toute la Chine, qu'il n'y a pas de raisons de les protéger plus particulièrement ici qu'ailleurs, qu'enfin leur sécurité serait tout aussi bien garantie sur une concession neutre que sous la garde exclusive de la France, qui ne peut même pas toujours laisser une canonnière mouillée à poste fixe dans les eaux de Shanghaï.

Pour le reste, nous reconnaissons volontiers que l'administration de notre concession, surtout dans ces dernières années, a été sagement conduite. Les Chinois, traités avec justice, avec bienveillance, s'y sont vus plus d'une fois protégés contre les exactions de ces innombrables sangsues que les mandarins traînent à leur suite. Le corps de police, composé de 52 agents, remplit parfaitement son rôle de surveillance. Le conseil municipal, auquel les différents consuls qui ont occupé le poste de Shanghaï ont laissé une latitude suffisante, a toujours montré un zèle louable et la plus parfaite intégrité. Les finances ne sont obérées par aucun emprunt. Les travaux publics n'ont pas été négligés ; les quais sont plus beaux que sur les concessions voisines et offrent des embarcadères plus commodes aux *steamers* et aux navires à voiles qui viennent s'y aligner. Le gaz éclaire les rues, qui sont fort bien tenues. La municipalité est installée dans un bel hôtel de ville, entouré de jardins au milieu desquels s'élève la statue d'un homme mort en défendant la concession, et dont le nom reste cher aux habitants de Shanghaï, celle du contre-amiral Protet. Dans ce petit gouvernement, les choses se passent bien un peu à la française : on s'y querelle souvent, il y a plusieurs partis politiques ; mais les discussions, quand elles ont lieu entre gens de bonne foi, ne nuisent point à l'intérêt général ; et la France sait aujourd'hui par une triste expérience que le silence et l'approbation apparente des gouvernés ne font ni leur bonheur ni la force des gouvernants.

Pour ramener notre concession à un état normal, il suffirait de la fusionner avec les autres, et de la rendre neutre comme elles, en faisant toutefois quelques réserves destinées à sauvegarder les positions acquises, et à empêcher les Chinois de croire au renversement subit de ce qui existe. Ces réserves consisteraient à stipuler que, pour un certain nombre d'années, le terrain de la concession serait administré par les soins d'une délégation d'une municipalité générale commune à toutes les concessions, délégation dans laquelle entrerait un certain nombre de Français. Le consul de France servirait toujours d'intermédiaire entre le conseil municipal et l'autorité chinoise pour les questions relatives à la concession, rôles que les consuls anglais et américains remplissent pour ce qui regarde les concessions voisines. Enfin la police serait placée sous les ordres du conseil électif.

Des propositions de cette nature, croyons-nous, qui n'ont en somme rien que d'équitable, auraient chance d'être acceptées. S'il en était autrement, la démarche que nous aurions faite mettrait le bon vouloir de notre côté et nous délivrerait pour l'avenir de la responsabilité qui nous lie à présent. Dans ce cas il n'y aurait qu'à conserver une administration séparée, en faisant savoir que nous l'exerçons sur l'invitation formelle du gouvernement chinois, en faisant modifier les règlements de façon à leur ôter tout caractère de protectorat, et en les promulguant, non plus au nom de la France, mais au nom de la Chine. La neutralité du terrain s'affirmerait pour les étrangers par le droit qui serait laissé aux divers consuls d'y arrêter leurs nationaux. Le conseil municipal deviendrait une délégation des contribuables et aurait un personnel composé, comme il l'est aujourd'hui, moitié de sujets français, ceci pour un certain nombre d'années seulement; ses relations avec le consul seraient les mêmes que sur les autres concessions.

L'administration reviendrait ainsi à ce qu'elle doit être, et le protectorat français cesserait d'exister.

Un diplomate anglais, M. Wade, dont le savoir sur les choses de ce pays fait autorité, reproche aux Chinois de s'être débarrassés du devoir qui leur appartenait de faire eux-mêmes la police des concessions. Dans un *memorandum*, adressé au chef du *Foreign office*, il dit que « la Chine, ayant contracté l'obligation « de donner aux étrangers qui habitent sur son sol aide et pro- « tection, il peut un jour être menaçant pour son indépendance « qu'elle ait délégué l'accomplissement de ce devoir à l'agent « d'une nation étrangère » (c'est le consul de France qu'il désigne sans doute) « ou à un comité de contribuables. »

Ceci est rigoureusement vrai; mais comment ne pas tenir compte des conditions particulières que les étrangers sont forcés d'accepter en Chine? Nous avons la conviction que la police serait mal faite par les indigènes et donnerait lieu à des conflits de chaque jour, tandis qu'elle fonctionne très-bien sous la direction des conseils municipaux. Nous croyons également que si l'*indépendance* de la Chine peut être menacée par une puissance isolée, elle ne le sera jamais par l'ensemble de toutes les puissances : l'accord des gouvernements étrangers vis-à-vis de la Chine ne peut s'établir, en effet, que sur une politique uniforme ayant pour but unique l'extension du commerce, le bien-être et la sécurité de leurs nationaux respectifs.

Ce qui peut présenter effectivement un péril, c'est le système d'administration de la concession française. «Je puis être le seul, » dit le même diplomate, « à craindre pour l'avenir des dangers du « système si peu soutenable que les Français ont adopté à Shanghaï; « mais, avec ma manière de voir, je ne saurais trop insister pour « qu'on essaye de le modifier, et le meilleur moyen pour cela paraît « être de rendre la police des concessions au gouvernement chi- « nois, en commençant, s'il est nécessaire, par les concessions déjà « neutres. Les Français ne pourraient guère alors continuer à « maintenir leur gendarmerie, qui est bien plus la police de leur « consul que celle de leur conseil municipal. On pourrait espérer « une fusion prochaine entre les Français et les autres nationalités, « à condition qu'ils abandonnassent leur prétention actuelle de

« ne reconnaître d'autre autorité que celle de leur consul sur les
« terrains chinois devenus concessions françaises. L'adoption de
« ce terme *concession* est des plus fâcheuses. »

Nous avons encore en Chine des concessions ailleurs qu'à Shanghaï, par exemple dans les ports de Tien-tsin et de Canton. De
celles-ci nous ne dirons qu'un mot : comme il ne s'y trouve et ne
s'y trouvera pas de longtemps un seul négociant français, le vrai
parti à prendre est de nous en débarrasser le plus vite possible et
de les rendre au gouvernement chinois.

II.

Le moment est venu pour la France de s'occuper d'une question
que l'Angleterre a déjà traitée, et qu'elle a même tranchée d'une
manière fort inattendue, celle de la révision des traités conclus à
Tien-tsin en 1858 et ratifiés en 1860. Il fut stipulé alors que les
tarifs de douane et les arrangements relatifs au commerce pourraient être révisés ou remaniés. Cette révision, pour la France, doit
même être entendue dans un sens plus large et peut s'appliquer
à tout son traité. L'Angleterre avait stipulé un délai de dix ans
et la France un délai de douze ans avant la révision. Le moment
était donc venu pour les Anglais en 1870 ; pour nous, il échoit en
1872. Or des deux classes de nationaux que nous avons en Chine,
les négociants et les missionnaires, les premiers n'ont pas d'autres
intérêts que ceux mêmes du commerce anglais ; quant aux seconds,
il faut dire qu'en fait d'avantages et de priviléges ils n'ont plus
rien à obtenir, les traités leur accordant tout ce qu'ils peuvent
désirer.

En ce qui regarde les intérêts du commerce, les rapports si com-
plets que le cabinet de Londres a obtenus au sujet de cette révision, tant de ses agents que des chambres de commerce des différents ports de la Chine, suffisent à nous éclairer ; on ne peut rien
ajouter aux arguments que renferme le rapport officiel (*Blue book*)
présenté aux chambres britanniques. De 1868 à 1870, tout le

commerce anglais s'est vivement occupé de cette affaire et des négociations engagées à Pékin. De ces négociations naquit un projet de convention dont le gouvernement chinois avait accepté les
clauses, et qu'on désigne sous le nom de *convention Alcock*, du
nom du ministre plénipotentiaire, sir Rutherford Alcock, qui en
a été le signataire et l'éditeur. Cette convention causa un mécontentement général ; l'opposition fut telle de la part des commerçants du Royaume-Uni que le gouvernement en vint à la rejeter.
Elle renfermait cependant quelques modifications qui eussent pu
assurer au commerce étranger des avantages sérieux. Les Anglais,
après avoir demandé beaucoup et avoir relativement peu obtenu,
ont préféré rester dans le *statu quo* et renoncer aux bénéfices de
la révision.

Les avantages nouveaux que réclamait le commerce anglais
peuvent se classer ainsi : 1º modifications des tarifs pour certains
articles ; 2º protection accordée aux marchandises appartenant à
des Anglais contre des taxes intérieures, droits d'octroi, contributions de guerre ou autres que les Chinois prélèvent sur leur transit, et que les négociants déclarent illégales ; 3º facilités commerciales nouvelles, telles que droit pour les étrangers de s'établir
dans l'intérieur du pays, création de chemins de fer et de télégraphes, permission pour les navires à vapeur de prendre part à la
navigation intérieure des fleuves et des canaux, exploitation des
mines, notamment de celles de charbon ; 4º ouverture de nouveaux
ports pour l'établissement du commerce étranger ou simplement
comme stations des lignes de bâtiments à vapeur. Comme modifications des tarifs, les chambres de commerce ont réclamé peu de
chose. L'inspectorat des douanes chinoises a dressé en 1867, pour
éclairer le public, des tableaux indiquant la relation qui existe entre
les droits perçus sur les articles du commerce et le prix moyen de
ces articles (1).

(1) Les droits représentent pour l'opium 6 3/4 pour 100, pour les cotonnades
supérieures 6 7/10 pour 100, pour les cotonnades inférieures de 1 7/10 à 3 et
à 5 pour 100, pour les lainages supérieurs de 3 à 5 1/2 pour 100, pour les lainages inférieurs de 2 à 3 1/2 pour 100, pour les métaux 5 1/2 pour 100, pour

D'une manière absolue, et par comparaison avec les taxes que perçoivent les États-Unis et les pays de l'Europe, ce tarif est peut-être le plus libéral du monde. Aussi la convention Alcock n'avait-elle cherché qu'à faire disparaître certaines inégalités. Elle avait légèrement augmenté les droits sur la soie et l'opium et, par contre, avait diminué les droits sur le thé en poussière, les montres et quelques autres articles ; mais, comme il arrive toujours en pareil cas, les diminutions étaient parfaitement accueillies, et les augmentations énergiquement repoussées. Ainsi l'Inde anglaise, qui perçoit près de 300 pour 100 sur l'opium qu'elle exporte, s'indigna que la Chine voulût augmenter de 2 ou 3 pour 100 le droit d'importation, légitime au premier chef, sur cette denrée qui abrutit ses sujets.

Au reste les négociants anglais se plaignent moins des tarifs d'entrée et de sortie que des taxes intérieures, qui frappent leurs marchandises un peu partout. Ils citent l'article des traités d'après lequel, moyennant le payement d'un droit de transit égal à la moitié des droits d'importation ou d'exportation, un négociant peut expédier ses marchandises où il veut, de même qu'il peut recevoir de l'intérieur les articles qu'il a l'intention d'exporter, sans que les unes ni les autres aient à payer d'autres taxes. Le gouvernement chinois ne conteste pas le texte du traité, et même dans certaines provinces (nous pouvons citer entre autres celle qui dépend du port de Hong-Kong) le demi-droit de transit a presque toujours protégé les marchandises étrangères, pourvu que celles-ci fussent accompagnées de laisser-passer spéciaux. Mais voici ce qui arrive : le budget de l'empire suffisant à peine aux services réguliers, toute circonstance extraordinaire exige des taxes spéciales : il y a les taxes pour l'anéantissement de la rébellion, celles pour la réparation des digues d'un fleuve, etc. ; les unes sont approuvées par le gouvernement de Pékin ; d'autres, mais plus rarement, sont établies par les autorités supérieures provinciales sous leur propre responsabilité. Il arrive alors que les marchandises se trouvent

le thé noir 11 4/10 pour 100, pour le thé vert 8 6/10 pour 100, la soie grége 2 8/10 pour 100, les allumettes chimiques 5 pour 100 et l'horlogerie 5 pour 100.

grevées d'un droit qui monte jusqu'à 30 et 40 pour 100 ; les mandarins ont mille moyens de les percevoir, et le plus souvent il est impossible aux négociants étrangers de réclamer. C'est ainsi que dans le Tché-kiang, pendant la guerre civile, les thés et la soie étaient respectés en transit, mais étaient frappés, entre les mains du producteur, de taxes élevées qui grossissaient d'autant le prix de vente ; l'augmentation était supportée en définitive par les étangers. Même en cours de transit, les marchandises dont ceux-ci étaient propriétaires ont été soumises plus d'une fois à des droits irréguliers qui ont soulevé bien des protestations. Le gouvernement chinois a généralement essayé dans ce cas de prouver que les marchandises avaient passé dans des maisons indigènes se couvrant du nom des maisons étrangères pour éviter les taxes spéciales imposées au commerce chinois. Il a été reconnu du reste en plus d'une circonstance que ce moyen de fraude était réellement employé.

Bref, depuis 1844, époque des premiers traités, on a discuté sur cette question sans arriver à donner satisfaction ni aux uns ni aux autres. La convention Alcock aurait pu conduire à une solution ; elle renfermait une clause, qui ne devait toutefois s'appliquer qu'à certaines provinces, d'après laquelle le négociant étranger, après avoir payé toutes les taxes réclamées sur les marchandises à l'aller et au retour, pouvait se faire rembourser la différence entre la somme payée et les droits de transit fixés par les traités. Cette disposition est tombée naturellement avec le rejet de la convention.

D'ailleurs le seul moyen qui pourrait mettre un terme définitif aux abus que nous avons signalés, c'est que Chinois et étrangers eussent à payer les mêmes taxes, que celles-ci fussent plus élevées, et que le budget de l'empire fût administré de façon à faire face à toutes les circonstances. Maintenant que le pays est à peu près tranquille, le gouvernement chinois tente, dans quelques provinces, d'alléger les taxes payées par ses sujets en leur appliquant les mêmes règlements qu'au commerce étranger ; mais ce système cessera naturellement lorsque, par suite d'une cause quelconque, le budget de ces provinces se trouvera insuffisant. On ne peut donc espérer de remède définitif aux irrégularités du fisc dans l'empire chinois tant que les étrangers ne voudront pas se prêter à une augmentation de tarifs, et que le pays ne jouira pas d'une centralisation des finances publiques telle que nous la comprenons en Europe.

Au point de vue des facilités commerciales, notamment de la faculté réclamée par les étrangers d'ouvrir des établissements dans l'intérieur de la Chine, la convention Alcock avait obtenu qu'un négociant pût s'installer dans une maison du pays, mais sans devenir propriétaire du sol ou de la maison, sans même pouvoir afficher au dehors le nom de son établissement. C'est toujours un propriétaire indigène qui eût été responsable devant l'autorité chinoise. Des négociants russes ont procédé de cette façon; ils résident en paix dans l'intérieur de certaines provinces, où ils font préparer eux-mêmes les thés qu'ils destinent à l'exportation. Les Anglais pouvaient en faire autant; si trente maisons de commerce avaient suivi ce système, graduellement les populations se seraient habituées à voir des étrangers habiter parmi elles; mais les Occidentaux se sont formalisés de ces précautions, et cet article de la convention, le plus important de tous, n'a pas plus que les autres trouvé grâce à leurs yeux. La Chine a, de son côté, de fort bonnes raisons à donner pour refuser aux étrangers d'aller se fixer à leur guise dans l'intérieur du pays. Tant que le privilége d'exterritorialité existera, tant que l'autorité chinoise n'aura pas le droit de justice sur les étrangers, il n'y a que deux voies possibles : ou que ceux-ci restent dans les quelques ports habités par le consul dont ils relèvent, ou bien que l'on couvre la Chine de consulats. Peut-on demander avec équité que, si un Anglais commet un crime ou un délit à cinquante lieues d'un port, les autorités chinoises aient à expédier délinquant, témoins et preuves nécessaires au consul de ce port, pour que justice soit faite?

Il y aurait un moyen d'atténuer les inconvénients de l'exterritorialité : ce serait de composer un code spécial disciplinaire pour les étrangers établis à l'intérieur, et de le laisser appliquer par les mandarins, en donnant aux intéressés pouvoir d'appel devant un tribunal mixte réuni dans le port le plus voisin. Ce code les garantirait de la torture et d'autres procédés qui ne sont plus de notre temps. On ne délivrerait le permis de résidence qu'à des individus présentant des garanties de bonne conduite et parlant assez bien la langue chinoise pour pouvoir soutenir une conversation ordinaire et ne pas être à la merci d'un interprète chinois. Malheureusement les résidents étrangers bondiraient d'indignation à l'idée de devenir passibles de la justice chinoise.

Il faut bien dire encore que les Chinois ne se soucient pas de voir les étrangers se mêler aux habitants de l'intérieur, où ils apporteraient des idées qui ne s'accordent ni avec la loi et le système gouvernemental de la Chine, ni avec les pratiques ordinaires des mandarins. L'indigène pourrait apprendre d'eux à résister aux exactions et aux vexations; il pourrait entrevoir les théories de l'Occident sur les avantages d'une représentation nationale, sur les droits du contribuable à voter les taxes qu'il paye. On voit généralement, dans les ports, les Chinois au service des Européens prendre au bout de quelque temps leurs autorités nationales en dédain. Ils ne suivent plus les coutumes séculaires de l'empire, leurs femmes circulent dans les rues; les vieux Chinois en frémissent d'horreur. Ces gens qui commencent par être domestiques, deviennent courtiers des maisons qui les emploient; beaucoup d'entre eux arrivent à la richesse, et sont alors pour leurs compatriotes des notables dont l'exemple est pernicieux. Que deviendrait la société chinoise si le contact des Européens allait transformer de cette façon les populations de l'intérieur?

Aussi les Européens sont-ils parqués dans les ports. Ils ne trouveraient pas à acheter, en dehors des limites qui leur ont été prescrites, un pouce de terrain à des conditions convenables. Cette espèce de claustration rend certainement dix fois plus pénible aux Européens le séjour des ports chinois. A Shanghaï, on leur a laissé faire, en dehors de la concession, des routes atteignant la longueur de quelques milles; près des autres ports, on ne trouve que les sentiers chinois, sur lesquels il est souvent fort difficile de passer deux de front, et cependant, sous ce climat affaiblissant, il faudrait de larges voies pour monter à cheval, se promener en voiture et prendre tout l'exercice possible. A Fou-tchéou par exemple, la seule promenade des étrangers est un sentier tortueux qui serpente à travers des tombeaux. On a tenté, mais sans succès, d'y établir une route convenable. Les concessions occupent généralement des terrains plats, situés sur le bord de l'eau ; en été, l'air y est accablant et humide, et l'Européen demanderait vainement la permission de construire à quelques lieues plus loin une maison de campagne. Nous avons vu, il y a deux ans, dans les environs de Fou-tchéou, les Anglais réduits à canonner un village pour obtenir de ses habitants qu'ils ne vinssent pas démolir un *sanitarium* que voulaient bâtir près de la mer des missionnaires protestants.

Il n'est pas d'ailleurs indispensable, pour alimenter le marché des importations et des exportations, que les étrangers aillent s'enfoncer dans les provinces ; il suffit d'entrepôts bien situés, sur le bord de la mer ou sur les rives des fleuves, d'où les courtiers indigènes transportent dans l'intérieur les articles étrangers, et où ils amènent aux Occidentaux le thé et la soie. Assurément le séjour des Européens dans l'intérieur permettrait d'étaler aux yeux des Chinois des échantillons de marchandises nouvelles, des procédés industriels de tissage, de labourage, qui serviraient graduellement à multiplier les échanges ; mais le présent est assez beau, la moisson est trop facile pour que l'Angleterre ne s'en contente pas. C'est elle qui absorbe les cinq sixièmes du commerce étranger, dont le chiffre monte à plus de 1 milliard 100 millions de francs par année. Il lui est facile de protéger ses négociants, réunis dans une quinzaine de ports, et elle ne désire pas s'imposer la tâche de les surveiller par toute la Chine. Elle laissera sans doute le temps créer des relations plus intimes entre ses nationaux et les Chinois. Ceux-ci arriveront à perdre de leurs préventions et de leurs craintes ; l'étude des langues européennes, qui commencent à entrer dans l'éducation de la jeunesse, y contribuera certainement ; des voies de communication rapides rapprocheront quelque jour des ports les marchés de l'intérieur. C'est là une spéculation à échéance plus ou moins longue.

Quant au télégraphe, nous avons des raisons de croire que la Chine est sur le point d'en adopter l'introduction ; les négociants indigènes, les mandarins mêmes, se servent largement des lignes télégraphiques sous-marines qui fonctionnent déjà le long des côtes, et qui auront relié dans quelques mois tous les ports ouverts à la résidence des étrangers. L'établissement de ces lignes ne date que de l'année dernière, et déjà le gouvernement étudie l'installation des lignes intérieures qui desserviraient les provinces. Nous croyons aussi à la construction de voies ferrées malgré les refus persistants que le gouvernement chinois oppose depuis dix ans aux efforts tentés pour le décider dans ce sens. Il veut seulement éviter la participation des étrangers. S'il fait des télégraphes et des chemins de fer, il s'en chargera lui-même ; il attendra pour le faire qu'aucune pression ne soit exercée sur lui, et qu'il soit assuré d'agir librement.

C'est dans ces conditions que se sont créés les arsenaux et les usines que la Chine possède maintenant. Dans ces idées, et avec le peu de ressources dont le gouvernement chinois peut disposer pour les travaux publics, l'établissement de voies ferrées marche-rait avec une extrême lenteur. Les coutumes sociales et religieuses y apporteraient aussi de nombreux obstacles. Il faudrait enlever à des familles des champs qu'elles possèdent depuis des siècles ; il faudrait détruire des tombeaux, sanctuaires vénérés qui perpétuent les traditions et les gloires ; il faudrait percer ou abaisser des col-lines, asiles de génies malfaisants ou protecteurs.

Cependant aucun de ces obstacles n'est insurmontable ; l'expro-priation pour cause d'utilité publique a cours en Chine comme en France. L'empereur peut décider une famille à déplacer ses tom-beaux en lui désignant un autre endroit par décret ; enfin les bonzes ont à la disposition du public les pratiques nécessaires pour con-jurer la malveillance des génies : si ces derniers ont été dérangés sur un point, l'oracle indiquera la nouvelle résidence qui peut leur plaire et les cérémonies qui peuvent conjurer leur courroux. Nous en avons fait l'expérience dans un établissement du gouvernement chinois placé sous notre direction. Il nous fallait un terrain assez important que les paysans ne voulaient pas vendre. Le vice-roi qui résidait dans la localité vint lui-même en grand apparat leur faire entendre raison ; ils l'écoutèrent, les champs furent achetés et libéralement payés. Il fallut ensuite remblayer le terrain au moyen de terres prises dans les montagnes voisines. Dans cette opération, des tombeaux furent profanés. Les génies qui rôdaient à l'entour ne pouvaient manquer d'entraver l'entreprise naissante ; ce danger fut signalé par un soldat tombé en syncope et parlant au nom d'un génie qui s'était incarné en lui. Les mandarins prirent cet homme au sérieux et exécutèrent ce qu'il conseilla ; ils firent une grande cérémonie de purification qui dura trois jours et fut précédée par un temps d'abstinence ; ils construisirent des autels pour y attirer les génies et leur assigner un nouveau lieu de rendez-vous. « Il faudra, dit le soldat, mettre auprès de ces autels de la monnaie d'or et d'argent (c'est du papier doré ou argenté) pour qu'ils trouvent de quoi jouer, et ne pensent plus à vos travaux. »

Les rapports des différentes ambassades ou missions chinoises envoyées en Occident ont dû éclairer le gouvernement sur les bénéfices des transports rapides ; ce qui aura surtout une influence déterminante sur sa résolution, c'est l'exemple du Japon, qui a maintenant des chemins de fer, des télégraphes, une monnaie, des machines à tisser, et qui vient, par un traité récent, de se créer des rapports avec la Chine.

L'exploitation des mines par les procédés de l'Occident sera commencée très-prochainement, parce que la Chine y voit des bénéfices immédiats. Ses arsenaux, les *steamers* qu'elle possède, et dont le nombre augmente chaque année, lui font déjà une loi de se procurer de la houille à bon marché. Avec les moyens très simples qu'elle emploie, les mines de Formose, celles des rives du fleuve Bleu, livrent dès maintenant à la consommation plus de 15,000 tonnes ; mais ces charbons sont d'une qualité inférieure : il est devenu urgent de mettre en exploitation d'autres mines dont on connaît les gisements, et dont les produits seraient supérieurs. Il était stipulé dans la convention Alcock que certaines mines spécialement désignées allaient être mises en rapport au moyen d'un outillage venu de l'étranger ; le rejet de la convention n'arrêtera pas une entreprise dont le gouvernement chinois reconnaît pleinement l'utilité.

Pour les motifs que nous avons signalés, la Chine est peu disposée à concéder aux étrangers la libre navigation de ses fleuves. Le ministre anglais avait obtenu que, dans un des grands lacs qui avoisinent le fleuve Bleu, le lac Poyang, un *steamer* fût détaché pour remorquer les chalands que les étrangers envoient trafiquer en ces parages ; mais le lac n'a qu'une importance médiocre au point de vue commercial, et peut faciliter seulement les transactions du port de Kiou-kiang. On avait aussi obtenu que des navires étrangers à voiles, de petit tonnage, pussent naviguer dans les fleuves. C'était encore là une concession insignifiante, car les négociants n'auraient trouvé aucun avantage à remplacer par de petits cotres, des lougres ou des *lorchas*, les jonques et chalands chinois, fort commodes, dont ils se servent actuellement. Sir Rutherford Alcock n'avait pas été plus heureux dans ses efforts pour ouvrir de nouveaux ports au commerce étranger. Les négociants demandaient qu'on leur donnât l'accès de quelques points au-dessus de Han-kou, grand marché situé à 220 lieues environ de l'embouchure du fleuve Bleu ; les *steamers* peuvent remonter deux fois plus haut encore avant d'arriver aux rapides qui sont les premiers obstacles à la navigation. Les Chinois autorisèrent la fréquentation d'une ou deux stations situées entre Han-kou et Shanghaï ; ils consentirent à l'ouverture d'un nouveau port sur la côte, à la condition que l'on renoncerait à un ou deux des ports concédés dix ans auparavant par le traité de Tien-tsin. C'est là certainement le côté le plus faible de la convention Alcock et celui sur lequel les Chinois prêtent le flanc. Rien ne justifie les craintes que semble leur inspirer l'ouverture de nouveaux ports. Ils ont pu voir en effet depuis longtemps combien, sous la surveillance des consuls, sont faciles les relations des indigènes et des communautés étrangères. Ils ont pu juger également que ces belles lignes de *steamers* qui naviguent sur le fleuve Bleu et la rivière de Canton n'ont procuré à leur commerce que des commodités et des bénéfices. En réduisant provisoirement à quinze le nombre des ports où peuvent résider ses nationaux, l'Angleterre n'a pas entendu immobiliser indéfiniment son commerce dans un cercle restreint. Quant à la France, elle doit désirer que les points habités et fréquentés par les étrangers se multiplient, car dans le voisinage des ports ouverts les difficultés qui touchent aux missionnaires vont en diminuant; les mandarins y prennent moins ombrage de leur présence.

L'examen des questions principales soulevées par la révision des traités anglais nous amène à conclure que nous n'avons aucun intérêt à faire de la révision de notre traité un nouveau sujet de négociations. Les facilités de commerce et de relations que la France obtiendrait lui profiteraient peut-être, si elles lui étaient accordées d'une manière exclusive ; mais il a été stipulé par les autres nations qu'elles jouiraient des droits de la nation la plus favorisée, et, comme nous avons en Chine fort peu de négociants, nous aurions cette fois encore travaillé pour les autres, c'est-à-dire pour les Anglais, les Américains, et aussi pour les Allemands, dont le nombre s'accroît chaque jour. Ce qu'on peut réclamer de nous, c'est notre appui moral pour toute négociation de ce genre ; mais l'initiative n'est pas dans notre rôle. Du reste, toute révision de traité péchera par la base, si elle ne résulte pas d'une entente commune entre les divers États qui ont des traités avec la Chine. En effet, si chacun a le droit de réclamer ce qui est accordé aux autres, il a aussi le droit de ne pas admettre ce que les autres auraient concédé aux négociateurs chinois. Il est dit à l'article 40 de notre traité que « toute obligation non consignée expressément dans le texte même ne saurait être imposée ni aux agents ni aux sujets français », et chaque nation a le même privilége. Ainsi la Grande-Bretagne avait obtenu, comme nous l'avons dit, que le droit sur certains articles fût diminué, à la condition que le droit sur certains autres, notamment sur la soie, fût augmenté; nous, qui employons beaucoup de soies, aurions naturellement refusé l'augmentation stipulée; ces modifications de tarifs tombaient donc par là même. L'Angleterre n'a fait appel au concours des nations représentées à Pékin qu'à l'époque où les négociations étaient terminées; son ministre plénipotentiaire reçut de ses collègues, lorsqu'il leur en communiqua le résultat, une réponse qui déjà les frappait de nullité. Sir Rutherford Alcock déclarait alors qu'il n'y avait à recevoir de la Chine que ce qu'elle voulait concéder de bon gré. Il avait épuisé tous les efforts possibles pour arriver à la conclusion de sa convention ; la conséquence est que la reprise des mêmes questions n'en sera que plus délicate.

Il n'y aurait, à notre avis, pour la France qu'une politique commerciale à suivre en Chine, si elle tient à en avoir une : ce serait d'employer son influence à déplacer le marché des échanges : ce serait de l'enlever aux quelques ports où il est encore concentré pour l'attirer graduellement vers l'Europe. Suivant nous, la seule chance pour notre pays de prendre une part directe dans ces échanges consisterait à suggérer aux Chinois l'idée de venir se créer des agences en Europe, agences qui échangeraient les produits de la Chine contre nos produits manufacturés. Les articles de notre industrie leur sont peu connus; ils n'ont sous les yeux que ceux qui sont fabriqués exprès pour eux en Angleterre et en Amérique. Ainsi, pour les étoffes de laine et de soie, on les leur apporte suivant les échantillons qu'ils préfèrent, et surtout dans des conditions de bon marché que notre commerce, sous le poids des impôts qui l'accablent, pourra moins que jamais supporter. Nos étoffes, il est vrai, sont plus soignées, plus durables, et compensent par leurs qualités l'augmentation des prix qu'elles réclament; cependant il faudrait, pour faire comprendre ces avantages aux Chinois sur le territoire de leur empire, y étaler des *stocks* de marchandises qui seraient exposées dès le début à des pertes considérables et sans certitude de gain final. Ce sont des risques qu'aucune compagnie n'est prête à courir ; mais, si les négociants chinois venaient sur les places de l'Europe, nous n'aurions probablement qu'à gagner dans l'examen comparatif qu'ils pourraient faire des produits de chaque nation. Les diverses ambassades asiatiques qui nous ont visités ont reconnu les qualités de la fabrication française et ont fait des commandes importantes.

Nous avons réalisé un premier pas en demandant au cabinet de Pékin de fixer une légation à Paris ; si nous pouvions obtenir que, renonçant à des lois qui sont du reste tombées en désuétude, il voulût, comme le Japon, encourager ses nationaux à visiter les pays étrangers, nous aurions double raison de renoncer à la révision de notre traité. Ministre, consuls, agents français, s'emploieraient alors au besoin pour faciliter aux Chinois leurs voyages vers l'Europe ; nos paquebots à vapeur, pourvus d'installations spéciales, les prendraient à prix réduits, comme les navires américains du Pacifique, qui à chaque voyage emportent trois ou quatre cents Chinois vers la Californie. Les gens de l'empire du Milieu sont maintenant habitués à l'emploi des *steamers*. Le mandarin allant de Canton à Pékin s'embarque sur un bateau à vapeur qui le transporte à sa destination en huit jours, tandis que les barques mettaient autrefois deux mois à faire le même voyage.

## III.

Les missions catholiques de la Chine constituent pour la France une question spéciale qui l'oblige d'avoir une politique à elle, et de suivre cette politique avec prudence. Bien que toutes les missions catholiques ne soient pas françaises, elles sont toutes réellement sous le protectorat de notre pays, l'Espagne et l'Italie, qui sont représentées par un petit nombre de leurs nationaux, n'ayant jamais soutenu activement leur cause. Or l'œuvre de la Propagation de la Foi est en butte, depuis quelques années surtout, à un sentiment de défiance, on peut même dire d'animosité, dans presque toutes les provinces de l'empire chinois. Les massacres de Tien-tsin n'ont été dirigés que contre les missions catholiques et, par suite, contre la France, dont celles-ci sont considé-rées comme étant l'œuvre politique.

Le point de départ de ce fâcheux état de choses doit être recherché dans la guerre de 1857, entreprise par le gouvernement impérial, de concert avec l'Angleterre, en apparence pour venger le meurtre d'un missionnaire, l'abbé Chappedelaine, en réalité, disait-on alors, pour renouer avec nos voisins des relations plus intimes d'alliance. Cette guerre a changé complétement les conditions d'existence des missions vis-à-vis de la société chinoise, et il n'en pouvait être autrement. Le traité conclu en 1846 par M. de Lagrené assurait aux missions le droit de présence en Chine; leur œuvre se poursuivait dans un calme sinon complet, du moins suffisant pour reprendre la chaîne rompue par les persécutions antérieures. L'esprit libéral dans lequel sont rédigés les articles relatifs aux missions prouve clairement que la perspective de voir ses sujets devenir chrétiens n'effrayait pas plus alors le gouvernement chinois qu'il ne s'émeut depuis longtemps de les voir devenir musulmans, bouddhistes ou juifs. La guerre de 1857 lui a montré que les missions pouvaient avoir un but politique, et que la croix que l'on promenait dans ses dix-huit provinces était pour l'avenir escortée d'une épée redoutable. Dès lors les missionnaires n'ont plus été regardés que comme des émissaires français.

Le baron Gros ne perdit pas de vue, dans la conclusion de ses traités, les difficultés que la guerre venait de susciter, et regarda comme dangereux d'exiger pour les missions des concessions trop larges. C'était un homme prudent, qui voyait les choses de loin et aimait surtout la justice; les Chinois parlent encore avec respect de son grand air bon et digne, qui n'excluait pourtant ni la fermeté ni la décision. La modestie inséparable de son caractère, le peu de souci qu'il prenait de faire parler de lui, l'ont empêché de conquérir la renommée qu'il avait méritée dans la conduite des négociations diplomatiques des deux expéditions.

Dans le premier traité, qu'il conclut à Tien-tsin en 1858, il s'en était tenu aux bases du traité Lagrené. Voici l'article de ce traité qui se rapporte aux missions :

Art. 13. — La religion chrétienne ayant pour objet essentiel de porter les hommes à la vertu, les membres de toutes les communions chrétiennes jouiront d'une entière sécurité pour leurs personnes, leurs propriétés et le libre exercice de leurs pratiques religieuses, et une protection efficace sera donnée aux missionnaires qui se rendront pacifiquement dans l'intérieur du pays, munis de passeports réguliers. Aucune entrave ne sera apportée par les autorités de l'empire chinois au droit qui est reconnu à tout individu en Chine d'embrasser, s'il le veut, le christianisme et d'en suivre les pratiques, sans être passible d'aucune peine infligée pour ce fait.

La convention ajoutée en 1860 au traité de Tien-tsin par le baron Gros compléta, dans l'article suivant, une clause du traité Lagrené :

Conformément à l'édit impérial rendu le 20 mars 1846 par l'auguste empereur Tao-Kouang, les établissemens confisqués aux chrétiens pendant les persécutions dont ils ont été victimes seront rendus à leurs propriétaires par l'intermédiaire du ministre de France en Chine, auquel le gouvernement impérial les fera délivrer avec les cimetières et autres édifices qui en dépendaient.

Les interprètes du baron Gros ajoutèrent au texte chinois de l'article 3 de la convention la phrase qui suit :

Il est en outre permis aux missionnaires français de louer et d'acheter des terrains dans toutes les provinces, et d'y ériger des édifices à leur convenance.

Nous ne savons si le baron Gros eut ou non connaissance de cette addition. Quoi qu'il en pût être, il lui devenait impossible de réagir contre les faits accomplis ; le traité devait être inévitablement aux yeux des Chinois une consécration de leur défaite. Demandez aux vieux missionnaires, à ceux qui sont établis depuis longtemps en Chine, s'ils préfèrent la nouvelle situation à celle dont ils jouissaient sous le régime du traité Lagrené. Leur entrée au cœur des provinces se faisait alors graduellement ; dans le Kiang-nan, le Tché-kiang, le Fokien, le Kouan-toung et plusieurs autres provinces que nous avons visitées, les églises, les communautés s'organisaient, la restitution des anciennes propriétés des chrétiens s'opérait même sans secousses, les missions recouvraient peu à peu sinon ces propriétés elles-mêmes, du moins des biens équivalents; s'il s'élevait de temps en temps quelque orage, il pouvait être conjuré aussi bien que maintenant et sans inspirer d'ombrage aux Chinois. Des relations de politesse, d'amitié même, existaient sur beaucoup de points entre les mandarins et les missionnaires. Les évêques, considérés comme notables, pouvaient soumettre eux-mêmes aux fonctionnaires chinois les affaires intéressant leurs communautés. Ceux-ci recevaient leurs visites et discutaient volontiers avec eux. Nous avons même trouvé dans un numéro des *Annales* qui forment le *Chinese Repository* une requête adressée à l'empereur de la Chine par un évêque qui n'est plus, M. Mouly.

Aujourd'hui nos évêques sont regardés comme de hauts fonctionnaires français; ils ont voulu prendre les insignes extérieurs des dignitaires chinois, et ceux-ci les leur contestent; ils correspondent par lettres avec les vice-rois ou gouverneurs des provinces, et leurs lettres ne sont pas bien accueillies; ils ont plus difficilement accès dans les classes éclairées, parmi lesquelles se feraient les conversions fructueuses par l'exemple; leurs néophytes ne se trouvent plus que parmi les pêcheurs, les portefaix, les gens des dernières classes, et même, depuis quelque temps, le nombre ne s'en est accru que dans une proportion insignifiante. Plus d'un évêque versé dans le langage et les coutumes des Chinois, resté de cœur simple missionnaire et peu soucieux de représentation extérieure, reviendrait volontiers, nous le pensons du moins, au temps où il n'avait à compter que sur sa patience et son énergie pour vaincre des obstacles rendus maintenant plus compliqués que par le passé.

La France a du reste accepté franchement les conséquences de ses guerres, et exerce aussi bien que possible le protectorat qu'elle avait assumé. Les questions relatives aux missions ont absorbé toute l'activité de nos ministres et de nos agents. Chaque meurtre de missionnaire ou de chrétien, chaque pillage de chapelle a été suivi de réclamations persévérantes qui ont amené des châtiments pour les coupables, des indemnités pour les victimes ou les communautés. Sans remonter au-delà de 1869, nous avons vu alors le chargé d'affaires français, escorté d'une division navale, se rendre lui-même dans chaque capitale des provinces qui bordent le fleuve Bleu jusqu'à Han-kou, afin de résoudre au profit des missions des questions en litige, telles que restitutions de terrains et compensations d'argent. Les consulats de Tien-tsin, de Han-kou, de Canton, ports où nous n'avons aucun commerce, ne sont pas autre chose que des postes affectés à la protection des intérêts religieux.

On peut se demander si la France est tenue de continuer cette politique. Pour répondre, il faut examiner la question suivante : l'œuvre des missions ne peut-elle subsister ni s'étendre en Chine sans avoir derrière elle le gouvernement français, et nous procure-t-elle en échange une influence réelle ? Il semble en effet que la France devrait s'abstenir d'appuyer la propagande catholique, si cette propagande restait une cause incessante de troubles et de discordes. Mais on a déjà vu que l'hostilité des Chinois provient bien plus de l'intervention de nos armes que de l'œuvre même des missions. Il en résulte que la France n'a plus le droit d'abandonner les missionnaires à eux-mêmes ; leur situation dans l'intérieur de la Chine a été créée par des traités aux obligations desquels le gouvernement de la république se trouve lié. Tout ce qu'on peut faire, c'est d'améliorer ce qui existe, et, si l'on veut bien considérer que la Chine est le pays le plus tolérant en matière de religion, on peut espérer qu'il sera possible de détruire la défiance qui entoure les missions. L'influence que nous procure un protectorat qui s'étend sur 500,000 catholiques pourrait être considérable, si elle s'exerçait dans d'autres conditions. Malheureusement les missions sont pour la France une source de conflits irritants, de contestations sans fin et de chaque jour. Par là même, les commerçants français se trouvent exposés à plus d'inconvénients que les autres étrangers ; il ne faut pas oublier que la populace de Tien-tsin n'en voulait qu'aux Français.

Une circulaire récemment publiée par le gouvernement chinois (1) a mis en lumière quelques-unes des causes qui peuvent rendre l'œuvre des missions, telle qu'elle est actuellement conduite, dangereuse pour le maintien des bonnes relations entre les pays étrangers et le Céleste Empire. Les missionnaires catholiques, sans y être spécialement désignés, en sont certainement le point de mire unique. Ce document mérite d'être étudié avec soin, bien que le peu de mesure avec lequel il est rédigé, les propositions inacceptables qu'il renferme, le ton ironique qui y règne, en amoindrissent la portée.

La circulaire appelle d'abord l'attention sur les orphelinats de la Sainte-Enfance et demande qu'aucun établissement de ce genre ne puisse s'ouvrir sans que les autorités locales en aient été averties ; elle demande aussi qu'une surveillance soit exercée sur ces orphelinats, et que l'enfant devenu grand soit rendu à ses parents, s'ils le réclament. Les missionnaires peuvent répondre que, si des parents abandonnent leurs enfants, ils perdent par là même le droit de venir les réclamer, surtout après que, pendant quinze ans, l'orphelinat a supporté les frais de leur éducation. Quant à laisser l'autorité locale exercer une surveillance sur les orphelinats, nous ne croyons pas que la plupart des chefs de mission doivent s'y refuser. Une inspection du vice-roi de Nankin, qui vint à la sollicitation des jésuites visiter leur orphelinat, fit tomber de faux bruits répandus dans la populace, et épargna probablement à cet établissement le sort de celui de Tien-tsin. Les asiles de ce genre prêtent un facile prétexte à des soupçons malveillants, qu'il importe de dissiper par toute la publicité possible. Parmi les enfants qu'on y recueille, pauvres êtres chétifs condamnés pour la plupart à la mort par suite de l'abandon, la mortalité est très-élevée, souvent dans la proportion de 8 sur 10 (2).

(1) Nous en résumons ici les points principaux ; on en trouvera à la fin le texte complet littéralement traduit du chinois, ainsi que la réponse qu'y a faite le ministre de France, M. de Rochechouart.

(2) On peut lire dans les *Annales des Missions,* au compte-rendu de la mission du Koueï-tchéou en 1867, les chiffres suivants : « Enfants d'infidèles « baptisés à l'article de la mort dans les dispensaires de la Sainte-Enfance et

La population de la Chine ajoute facilement foi aux plus sottes rumeurs. Il y a quelques mois à peine, la population de Canton fut agitée par une émotion subite: la mortalité y était très-grande par suite de la température irrégulière de l'été; le bruit courut que des étrangers jetaient dans les puits une drogue dite « des génies, » qui produisait une enflure dont on ne pouvait guérir qu'en allant trouver les missionnaires et en embrassant leur religion. En moins d'une semaine, Canton, Hong-kong, Fou-tchéou, tous les ports et provinces qui s'étendent depuis le sud de la Chine jusqu'au fleuve Bleu furent pris de la même panique, et il en résulta des troubles assez graves. Le vrai remède aux soupçons de toute sorte est, pour les missionnaires, de mettre l'autorité chinoise à même de réfuter les mensonges qui se répandent et, pour cela, de tenir ouvertes les portes de leurs établissements.

La circulaire condamne le ministère des sœurs de charité : pour les Chinois, la présence d'une femme près du lit du premier venu est un scandale, sa place est au gynécée. Ils tiennent en profond mépris les religieuses bouddhistes, vraiment méprisables du reste, et sont tentés de mettre les filles de Saint-Vincent de Paul sur le même rang. Les Chinoises chrétiennes s'assemblent dans la même église que les hommes, autre sujet de scandale signalé par la circulaire ; il est de principe absolu en Chine que la femme doit vivre séparée de la société des hommes. Nous avons connu des chefs de mission qui, par suite de ces préjugés, trouvent plus simple et plus prudent de confier les enfants qu'ils recueillent à des nourrices chinoises, chrétiennes on même païennes, dispersées dans les campagnes. Il n'y a point, croyons-nous, de religieuses catholiques dans l'intérieur de la Chine. Il serait sage de leur assigner pour résidence fixe les ports ouverts au commerce, où les Chinois, connaissant mieux les mœurs de l'Occident, sont moins choqués du ministère qu'elles remplissent ; elles y sont fort bien accueillies par les communautés étrangères, dont les malades trouvent près d'elles sollicitude et dévouement.

« par les baptiseurs ambulants, 11,023 ; sur ce nombre il en est mort en-
« viron 9,000. »

Le point le plus important sur lequel le gouvernement de Pékin attire l'attention des ministres étrangers est la tendance qu'ont les chrétiens chinois à se grouper autour de leurs missionnaires et à se former en communautés, qui ne reconnaissent d'autorité que celle de leur chef spirituel. Un fonctionnaire chinois nous exprima un jour, sur ce point, son opinion en termes énergiques. Nous voulions faire construire, dans l'enceinte d'un établissement dont nous avons déjà parlé, une chapelle nécessaire aux besoins religieux d'un personnel européen presque entièrement catholique. « Je suspendrais les travaux, nous dit le mandarin placé près de nous, et licencierais votre personnel plutôt que de laisser construire une chapelle ici. Ce n'est pas que je veuille vous empêcher de remplir vos devoirs religieux ; mais à votre chapelle, à la suite du prêtre qui viendra la desservir, arriveront des chrétiens chinois dont la présence pourra me créer des difficultés. J'ai été gouverneur de province, et j'ai vu ces gens de près : ce ne sont pas les enseignements de votre religion qui les attirent, ils ne sauraient les comprendre ; leur seul but en se convertissant est d'échapper à notre action. Dans cet établissement, qui appartient à l'empereur et où j'ai des pouvoirs absolus, si l'un de ces chrétiens venait à commettre un vol, je ne pourrais lui faire trancher la tête sans avoir contre moi vos missionnaires et vos consuls. Vous êtes trop juste pour ne pas admettre ces raisons. » Nous résolûmes la difficulté en construisant notre chapelle sur un terrain situé en dehors de l'enceinte réservée.

Ce mandarin nous avait exprimé le plus sérieux grief des gens de sa classe contre l'œuvre de la Propagation de la Foi. Nous avons déjà dit que les néophytes viennent des classes inférieures de la société. Il est loin de nous le temps où, à la suite de services éminents qui contribuaient à les élever à de hautes dignités, les jésuites attiraient à leurs prédications les personnages les plus influents du gouvernement de l'empire, des ministres, de savants lettrés, et les amenaient, par des discussions adroitement conduites, à embrasser le catholicisme. Les néophytes d'à présent sont généralement des gens simples et pauvres, attirés par l'assistance que les missions peuvent leur prêter et par l'espoir d'appartenir à ces petites communautés, dont ils voient les membres se soutenir mutuellement sous la direction d'un étranger respecté de tous pour l'austérité de sa vie. Nous n'apprendrons sans doute rien à personne en faisant observer que l'esprit d'association est répandu en Chine plus peut-être que partout ailleurs. C'est dans une association éminemment charitable et bienfaisante qu'entre le pauvre chinois lorsqu'il reçoit le baptême. Peut-être n'aura-t-il jamais une foi éclairée, ni une connaissance suffisante des dogmes ; mais il épousera une femme chrétienne ; ses enfants n'auront pas d'autre religion que celle de leurs parents. Voilà une famille chrétienne fondée, comme elles se fondaient du reste au temps des premiers apôtres.

La discipline religieuse exerce d'ailleurs une heureuse influence sur le caractère des Chinois convertis ; il serait injuste de les juger d'après ces vagabonds, chassés pour la plupart de leurs communautés, et que l'on rencontre dans les ports, s'offrant à exercer tous les métiers, cherchant à imposer la confiance en prodiguant le signe de la croix. Nous avons visité dans les campagnes de la Chine quelques communautés chrétiennes, nous les avons vues composées de gens paisibles, sobres, hospitaliers. L'étranger y est reçu en ami, tandis qu'ailleurs il rencontre souvent la défiance ou même la répulsion. Dans certaines provinces, des villages entiers sont chrétiens ; la maison commune qui sert aux réunions des paysans, et dans laquelle ils déposent les tablettes de leurs ancêtres, est remplacée par une pauvre chapelle qu'un missionnaire habite ou qu'il visite de temps à autre. Cette manifestation de notre religion, qui se fait là si humble pour arriver aux humbles, n'en est que plus touchante, et éveille dans l'âme des émotions qui ne se produisent pas toujours dans les somptueuses basiliques de l'Europe. C'est là, au milieu de ses ouailles, qu'est la résidence, la vie même du missionnaire ; c'est là qu'est la consolation de son pénible labeur. Son troupeau l'appelle père et le prend en toutes choses pour arbitre ou pour guide ; il règle les différends, il allie les familles entre elles, il surveille l'administration des modestes finances de la communauté. Faut-il s'étonner si, pour la défense des intérêts qui s'abritent sous son apostolat, il se laisse aller à une intervention qui méconnaît les droits de l'autorité locale ? N'est-il pas naturel, au contraire, qu'il défende avec un soin jaloux la communauté, fruit de ses efforts, pour laquelle il a quitté sa famille, ses amis, sa patrie, pour laquelle il met sa joie à endurer les plus rudes privations ? Ajoutez encore que souvent il perdrait de son prestige aux yeux de ses catéchumènes si ceux-ci ne rencontraient en lui un protecteur ; souvent aussi, lorsqu'il connaît à peine la langue chinoise, il lui est impossible de vérifier les choses par lui-même, et il craint de tenter quelque démarche indiscrète. On le voit alors, au dire des mandarins, déployer son influence dans des procès civils entre chrétiens et non chrétiens, soutenir ses néophytes contre le payement des taxes, contre l'exécution des corvées que ceux-ci trouvent injustes. Les missionnaires affirment qu'une de leurs principales difficultés est précisément de résister aux demandes des fidèles qui ne cessent de solliciter leur intervention. D'un autre côté, peut-on donner tort au gouvernement chinois lorsqu'il se plaint de ces empiétements ?

Parmi les faits que la circulaire impute à l'œuvre des missions, le plus grave est celui-ci : des bandits auraient échappé à l'action des lois en se convertissant à la religion catholique et en obtenant ainsi une protection qui aurait dû leur être refusée.

Il est à remarquer que ce fait et les autres faits de ce genre, signalés par les autorités chinoises, se seraient passés dans les provinces de l'Ouest, fort éloignées des centres européens et désolées, en tout ou en partie, par des insurrections qui créent aux missions des conditions toutes particulières d'existence. Dans le Kouéi-tchéou, par exemple, dans le Ssé-tchouen, le Yunnan, les missionnaires ont eu à constituer leurs communautés en état de défense contre des bandes rebelles que les troupes des mandarins n'étaient pas capables de tenir en échec (1).

(1) Le *Bulletin hebdomadaire* de la Propagation de la Foi contient à ce sujet des détails intéressants ; nous lisons ce qui suit dans le numéro du 9 avril 1869 :

On allègue par exemple qu'au Kouéi-tchéou toute une bande de voleurs a été admise à recevoir le baptême ; qu'on l'eût ensuite arrêtée, ajoute la circulaire, c'eût été une persécution catholique. Faut-il dans ces voleurs voir des rebelles ou plutôt des individus appartenant aux Miao-sze, tribus aborigènes que le gouvernement chinois travaille depuis bien des années à soumettre et même à écraser complétement ? Quoi qu'il en soit, le missionnaire, au milieu du chaos qui l'enveloppe, est naturellement porté à ne voir que des néophytes dans ces hommes qui pour le gouvernement sont des ennemis ou des coupables.

Les *Bulletins de la Propagation de la Foi* sont remplis de plaintes élevées par les missionnaires sur la manière dont ils sont traités dans les mêmes provinces. Les communautés n'y semblent pas toutefois en butte aux persécutions. Les voyageurs, nos compatriotes, qui ont exploré les sources du Mé-kong et se sont frayé un chemin de l'An-nam en Chine, accomplissant ainsi le voyage le

« Le provicaire du Ssé-tchouen oriental, M. L. Blettery, nous écrivait le 20 octobre 1868 : « Le district de Yéou-yang, qui comprend plusieurs villes et un « vaste territoire, est habité par des peuples aborigènes, soumis aux Chinois de- « puis une époque assez récente. Tout près de la maison de Tchang, auteur de « la mort de Mgr Mabiliau, se trouve la plus intéressante, mais aussi la plus « éprouvée de ces nouvelles chrétientés ; elle contient environ 2,000 chrétiens. « Depuis quatre ans ils n'ont pas cessé d'être poursuivis à outrance ; leurs mai- « sons n'existent plus pour la plupart ; les femmes ont fui avec leurs enfants, et « deux ou trois cents hommes se sont retranchés dans une mauvaise enceinte « murée, où ils se défendent. Sans ressources d'aucune sorte, mais animés par « l'imminence même du péril, ils ont tenu tête pendant plusieurs mois, l'an der- « nier, à une armée de 3,000 hommes, que Tchang était allé recruter dans le « Kouéi-tchéou. Nous les croyions perdus quand nous apprîmes leur triomphe. « Un païen puissant, sensible à la justice de leur cause, leur avait prêté main- « forte ; les ennemis avaient été réduits à la retraite. Cette année-ci, au prin- « temps, l'attaque s'est renouvelée sans plus de résultats. »

Voilà donc une communauté qui se protége elle-même contre des bandits. Ailleurs, une communauté aura à se défendre contre un *clan* voisin ; car les gens des campagnes sont encore en Chine divisés en *clans,* souvent en lutte les uns contre les autres. Sur beaucoup de points des provinces que nous avons ci- tées, la Chine a des traits de ressemblance avec l'Europe du moyen âge. Dans ces localités, le brigandage et le pillage sont en état de permanence ; tout y est obscur, le caractère des combattants comme la cause des conflits. Rebelles et impériaux, vainqueurs et vaincus, innocents et coupables, tout est confondu.

plus difficile peut-être de ce siècle, ont trouvé les missions du Yun-nan en bons rapports avec les mandarins et préoccupées seulement des incursions des musulmans. Dans le Ssé-tchouen des évêchés ont été établis dans de grandes cités, où ils ont pu, sans être inquiétés, exercer une action assez considérable. L'organe des missions nous apprend que dans le Kouéi-tchéou des notables et des mandarins ont donné à un évêque de cette province, M. Faurie, mort depuis peu de temps, par reconnaissance pour les services multipliés qu'il leur avait rendus, un beau terrain, sur lequel on a construit une chapelle et un orphelinat. Ces établissements ont été inaugurés par des processions publiques et avec des cérémonies solennelles (1).

On a vu que les Chinois contestaient aux missionnaires le droit de s'approprier les emblèmes distinctifs des hauts fonctionnaires de l'empire. La circulaire officielle réclame d'eux qu'ils s'en tiennent au costume et à l'étiquette des lettrés. Ainsi des évêques font usage de la chaise verte à quatre porteurs à laquelle n'ont droit que les mandarins au-dessus du quatrième rang ; ils se servent pour leurs dépêches de sceaux pareils en forme et en grandeur au sceau que l'empereur donne à ses agents pour les investir de leur charge. Le sceau est un signe précieux et redoutable dont la perte entraîne la mort pour celui qui en est le dépositaire (2).

(1) « 2 février 1867. Mgr Faurie a béni aujourd'hui l'orphelinat de Saint-Étienne, situé hors des murs. Sa Grandeur, revêtue des habits pontificaux, portée dans un palanquin violet, escortée de nombreux chrétiens, est partie de l'église du Nord, sa résidence ordinaire, et a traversé toute la ville pour se rendre dans le faubourg du Sud. Une foule nombreuse n'a pas tardé à suivre le cortége. Ceux des missionnaires qui avaient pu se rendre à la solennité ont reçu Monseigneur à la porte de l'établissement avec toutes les cérémonies du pontificat. Puis la bénédiction de la chapelle a commencé. »

Un culte qui peut s'exercer si librement n'est certes pas l'objet d'une malveillance systématique de la part des fonctionnaires ni de la population.

(2) En temps de guerre et dans toute circonstance qui oblige un mandarin à s'éloigner de son poste, le sceau de sa charge ne le quitte jamais ; il le porte d'ordinaire dans un sachet suspendu à son cou. Nous avons vu les rebelles (*Taïpings*), lorsqu'ils s'emparent d'une ville, se porter tout d'abord à la recherche des sceaux des mandarins afin de compromettre ces derniers et de causer leur perte ou de les contraindre à quelque énorme rançon.

Les évêques, toujours d'après la circulaire, exigent d'être traités par les hauts fonctionnaires des provinces sur le pied de l'égalité, c'est-à-dire qu'ils se font ouvrir les plus grandes portes des prétoires que le mandarin ouvre seulement à ses pairs.

Vers 1861 déjà, une communication de la délégation de France prescrivit aux évêques de renoncer à de telles pratiques, qui pouvaient éveiller la susceptibilité assez légitime des autorités chinoises; l'emploi de la chaise verte y était notamment cité. Ce document fit un certain bruit dans les missions ; mais nous ne pensons pas qu'on en ait tenu grand compte.

Les évêques ne cesseront de demander, comme tradition de l'Église catholique, que leur ministère soit entouré d'une certaine pompe extérieure. Sur ce point il nous semble aisé de leur accorder satisfaction, et des négociations auraient, à notre avis, chance d'aboutir auprès du cabinet de Pékin. Quant à la chaise à porteurs, dont toute personne un peu haut placée doit se servir dans ses visites, les évêques ne feraient-ils pas mieux d'adopter, à l'exemple de celui du Kouéi-tchéou, la chaise violette ? Le gouvernement chinois ne s'en offusquerait pas plus qu'il ne le fait des chaises dorées et bariolées dans lesquelles le clergé boudhiste promène ses idoles ou les chefs de ses bonzeries. Pour le sceau, il y aurait lieu de consulter les règlements et usages établis pour le cérémonial, les droits et les priviléges des dignitaires appartenant aux religions étrangères, telles que le boudhisme et l'islamisme ; on formulerait ainsi pour l'étiquette religieuse une sorte de code acceptable des uns et des autres, qui, en respectant les prérogatives des mandarins, assurerait au culte catholique l'éclat nécessaire à la représentation de ses ministres et à ses cérémonies.

La restitution des édifices et propriétés confisqués jadis aux chrétiens a été rendue obligatoire par la convention de Pékin. De là sont nées des difficultés d'autant plus graves qu'on a eu le tort de ne pas les régler immédiatement. La circulaire s'exprime comme il suit à ce sujet :

En ce qui touche les biens de l'Église il y a eu dans ces dernières années des réclamations dans toutes les provinces, et les missionnaires exigent la restitution de ce qu'ils déclarent avoir appartenu aux chrétiens, sans s'inquiéter des intérêts auxquels ils portent atteinte. Il arrive en plus d'un cas que ce sont de belles maisons appartenant à des lettrés qu'ils revendiquent, et ils en expulsent le propriétaire dans le plus bref délai ; mais ce qu'il y a de plus fort et ce qui blesse la dignité du peuple, c'est que souvent ils réclament comme leur propriété des *yâmens*, des lieux d'assemblée, des temples tenus en grand respect par les lettrés et les habitants du voisinage. Certainement dans chaque province se trouvent des maisons qui appartenaient jadis à l'Église ; mais on doit tenir compte du nombre d'années qui se sont écoulées depuis, et songer que les chrétiens ont vendu ces maisons et qu'elles sont peut-être passées entre les mains de plusieurs propriétaires. Il faut considérer que la maison a pu être vendue vieille et délabrée, et que l'acquéreur a peut-être fait de grosses dépenses pour la réparer, ou même en a construit une nouvelle. Les missionnaires ne s'inquiètent pas de tout cela ; ils exigent la restitution, et n'offrent pas la moindre indemnité.

Quand les missionnaires voudront acheter un terrain pour y bâtir une église, ou louer une maison pour y fixer leur résidence, ils devront, avant de conclure le marché, aller avec le véritable propriétaire faire une déclaration à l'autorité locale, qui examinera si le *fong-choui* ne présente aucun empêchement.


Le *fong-choui* (mot à mot *vent et eau*) joue un grand rôle dans la vie du peuple chinois ; il résume les conditions d'emplacement, d'influence du vent et de l'eau, qui donnent à une localité, à un champ, à une maison, sa bonne ou sa mauvaise fortune. L'édile qui va percer une rue, orienter un quartier, le propriétaire qui veut construire une maison, consulte le sort ou l'oracle des pagodes ; il en apprend l'orientation à donner, l'emplacement à choisir, les moyens de mettre pour toujours le lieu désigné sous une influence heureuse. Ces moyens sont certaines cérémonies, telles que l'érection d'un autel, d'une tour ou d'une simple pierre dédiée à un *poussah*. Dans toute la Chine, on voit des tours, des chapelles élevées sur des points culminants, bâties généralement en des temps de fléau, d'épidémie, de famine ou d'inondation, et couvrant en quelque sorte tout le pays environnant d'une ombre protectrice. Lorsqu'une mission vient construire un édifice trop élevé, que surtout elle le surmonte de tours qui détruisent les « influences heureuses », le monument catholique est pris en aversion. Telle cathédrale qui domine les maisons basses et humbles d'une grande ville soulève dans le cœur d'une population de plusieurs centaines de mille âmes un souffle de colère qui finit par devenir dangereux en un jour de tempête.

Il existe à Pékin, près du palais impérial, sur un terrain donné aux jésuites par l'empereur Kang-hi, alors qu'ils vivaient à la cour, une église, confisquée au temps des persécutions, et rendue au culte par les victoires de nos armes. Les missionnaires ont voulu y ajouter une tour. La hauteur en avait été fixée par le ministère des affaires étrangères chinois ; mais, quand elle fut construite, on s'aperçut que du faîte la vue plongeait dans les jardins impériaux. Le ministère avait commis une erreur, il demanda qu'on voulût bien en réparer les conséquences en abaissant la tour : on s'y refusa. Le gouvernement s'est contenté d'élever un mur devant la tour ; mais il n'est pas un mandarin ou un ettré qui revienne de la capitale sans parler avec indignation de l'offense faite à son souverain.

La circulaire conclut en déclarant qu'avec les procédés qu'elle signale la bonne harmonie ne peut exister entre les sujets chrétiens et non chrétiens de la Chine.

Les classes supérieures se sont, comme on le sait, éloignées des missionnaires, qu'elles regardent comme des agents étrangers; elles ont fait le vide autour d'eux et rendu leur propagande difficile. Le cabinet de Pékin cependant n'a pas cessé de les protéger dans les limites de son action sur les provinces, et depuis la conclusion des traités de Tien-tsin les missionnaires ont pu circuler et prêcher librement. Avant l'horrible événement de juin 1870, on n'avait eu à regretter que le meurtre de deux ou trois missionnaires dans des localités désolées par l'anarchie ou par des luttes de *clans*. On n'a surpris derrière leurs assassins ni la main ni le mot d'ordre de mandarins influents. Si des congrégations chrétiennes ont été molestées, si des résistances ont été opposées par les populations à des constructions de chapelles, à des établissements d'orphelinats, si des néophytes chinois ont été emprisonnés et mis à rançon, nous ne pouvons voir dans ces faits que l'opposition inévitable d'un pays à une religion étrangère, et dont les dogmes et pratiques viennent heurter des croyances reçues et respectées depuis des siècles. S'étonnera-t-on que des bonzes, des lettrés, des paysans, voient d'un mauvais œil le symbole qui vient détruire leurs croyances et le prestige de leurs idoles, lorsque, dans certains de nos départements, catholiques et protestants ne peuvent vivre en paix ? Il y a lieu d'être surpris, au contraire, de la tolérance relative que la Propagation de la Foi rencontre en Chine pour le développement de ses œuvres. Les causes de conflit, qui naissent inévitablement des préjugés et du fanatisme des idolâtres, peuvent aussi venir quelquefois des imprudences commises par les nouveaux convertis, toujours trop zélés.

Les derniers journaux venus de Chine nous ont apporté le sens de la dépêche adressée au *Tsong-li-Yâmen*, le 14 novembre 1871, par notre chargé d'affaires, M. de Rochechouart, en réponse à la circulaire du cabinet de Pékin. Déjà le ministre plénipotentiaire américain avait répondu en se plaçant au point de vue des missions en général. La dépêche de notre représentant peut se résumer en quelques mots : d'une part, les Chinois n'ont pas le droit de toucher aux conventions des traités, en limitant la liberté reconnue aux missionnaires d'ouvrir des églises et des orphelinats, en exigeant des précautions qui deviendraient préventives pour l'admission des nouveaux convertis. D'autre part, le gouvernement français n'a jamais prétendu soutenir les missionnaires dans l'usurpation de droits qui ne leur appartiennent pas ; il leur sera recommandé de prendre toutes les mesures voulues pour écarter de leurs établissements les plaintes et les soupçons ; s'ils s'ingèrent dans l'administration civile et politique, nos agents réprimeront cet abus ; ils ne sont pas fonctionnaires et ne peuvent, par conséquent, prétendre aux prérogatives réservées aux fonctionnaires chinois. Les réclamations à propos des biens jadis confisqués aux chrétiens doivent être décidées de la manière la plus équitable, et pour les missions et pour les possesseurs actuels. Quant à la protection accordée par les missionnaires aux chrétiens traduits devant les tribunaux, on ne saurait la blâmer en elle-même ; elle ne deviendrait un motif réel de plainte que s'ils voulaient soustraire des coupables ou des accusés à la justice du pays. Le gouvernement français, ajoute M. de Rochechouart, ne nie pas que les chrétiens causent des inquiétudes au gouvernement chinois ; mais il croit bien plus qu'ils servent de prétexte aux adversaires systématiques des étrangers. « Au fond toutefois, conclut-il, le danger existe, et il a augmenté pendant ces dernières années ; il pourrait devenir irrémédiable, si une entente parfaite ne s'établissait entre les deux gouvernements. »

Cette entente serait très-nécessaire à notre avis. Il est temps que la France se débarrasse du protectorat qui est la conséquence de ses guerres, et qui la tient sur une défensive continuelle ; il faut placer les missions sur un autre terrain, en leur créant, au moyen de négociations auxquelles se prêtera sans doute le gouvernement de Pékin, un *modus vivendi*, qui fasse cesser l'antagonisme qui existe. On pourrait fixer par une convention des règles d'étiquette qui seraient particulières aux ministres du culte catholique, établir entre les missionnaires et l'autorité chinoise un système de relations qui tiendrait les mandarins au courant du développement des communautés, et ne leur permettrait plus de les considérer comme autant de groupes séparés de fait ou d'apparence de leur juridiction. A des époques déterminées, ils visiteraient les établissements et les orphelinats catholiques. Ces concessions auraient la plus heureuse influence sur les progrès de l'apostolat catholique en donnant aux missions une existence librement consentie par la Chine.

Ces arrangements une fois pris, la tâche de nos agents diplomatiques dans l'empire chinois n'en resterait pas moins encore fort délicate. Le choix de ces agents ne saurait être fait avec trop de soin, et l'on ne saurait trop leur demander d'étudier sérieusement le pays, d'aller en toute question au fond des choses. En France on s'occupe si peu de la Chine, on la connaît si mal, que la politique de notre gouvernement y sera toujours suggérée par ses représentants. Il est impossible d'y contrôler, comme

dans les pays plus rapprochés et mieux connus, les rapports des
diplomates. Ceux-ci ne rencontreront pas en Chine une colonie
française assez nombreuse pour que son opinion les guide dans
la ligne de conduite à suivre, avantage qui existe pour les Anglais
et les Américains. D'un autre côté, le personnel de nos agents à
l'étranger ne se recrutant pas suivant les règles fixes qui président à la composition de nos armées ou de quelques administra-
tions, il s'ensuit que la conduite des affaires, surtout dans un
poste lointain, résulte, d'une façon à peu près exclusive, des
umières et du caractère du personnage qui l'occupe. De là un
manque d'unité et des transitions souvent fort brusques d'un
système à un autre. Ainsi le gouvernement chinois, traité d'une
certaine manière par un diplomate, ignore comment il le sera
par son successeur ; le premier aura peut-être montré un zèle
médiocre par la défense des missions ; le second l'embrassera
avec ardeur, se laissant aller à des sentiments personnels ou
à des traditions de famille. Jamais nous n'arriverons ainsi à une
bonne politique ; il importe, en conséquence, de la faire la
moins mauvaise possible en choisissant avec soin les hommes
chargés de soutenir notre influence dans des postes où ils n'ont
pour se diriger que leurs talents et leurs impressions person-
nelles.

En Chine, comme ailleurs du reste, nos agents consulaires
devraient être des hommes préparés par des études, par des
épreuves successives , leur assurant des connaissances spéciales
dans les choses des pays auxquels ils sont destinés, ainsi que
sur les matières de droit commercial et judiciaire dont ils ont
à s'occuper dans leurs fonctions de magistrats. Il y aurait sur
ce point beaucoup de réformes à indiquer ; mais elles ne rentrent
pas dans le cadre de notre étude, et nous préférons renvoyer
le lecteur à l'ouvrage publié après la guerre de Chine par
M. d'Escayrac de Lauture (1). On y trouvera sur l'organisation
de notre service diplomatique et consulaire à l'étranger d'excel-

1) *Mémoires sur la Chine;* Paris, 1864, gr. in-8°.

lentes idées que nous serions heureux de voir prendre en considération.

La France n'est pas la seule nation qui ait des missionnaires en Chine, elle n'est pas le seul pays qui ait stipulé dans ses traités la liberté de conscience pour les sujets chinois ; mais elle est la seule qui ait consacré ces stipulations par un protectorat effectif. Son attitude a été plus d'une fois désapprouvée par les autres gouvernements. Dans les dépêches échangées entre le *Foreign office* et le ministre anglais résidant à Pékin, à la suite des massacres de Tien-tsin, il est maintes fois répété que la prétention de la France à soutenir des chrétiens chinois contre leurs autorités est une cause certaine de troubles périodiques (1), L'Angleterre n'a pas voulu permettre à ses missionnaires de profiter du droit obtenu par les nôtres de posséder et de louer des terrains ou des établissements dans l'intérieur de la Chine (2).

(1) Lord Granville s'exprime comme il suit dans sa dépêche du 15 septembre 1870 : « Le gouvernement de Sa Majesté exercera l'influence morale qu'il « peut posséder pour amener le gouvernement chinois à satisfaire à toute de « mande raisonnable de réparations que la France pourra formuler ; mais il n'a « pas perdu la conviction que la catastrophe de Tien-tsin n'est que la consé « quence d'un système, signalé à plusieurs reprises comme aussi dangereux « qu'impolitique, et devant conduire infailliblement, comme on le prévoyait de « puis longtemps, à des événements tels que ceux qu'on déplore actuellement. »

Le même homme d'État parle ainsi à la date du 6 octobre suivant : « L'attaque « de Tien-tsin paraît avoir été dirigée principalement contre les établissements « des missionnaires catholiques romains placés sous la protection française, et « lorsque la fureur de la populace s'est épuisée sur eux, les établissements des « missionnaires protestants, même ceux qui sont situés dans le voisinage immé « diat des Français, paraissent, à peu d'exceptions près, avoir été alors, comme « ils le sont depuis, exempts de molestations. »

(2) Le ministre des affaires étrangères, lord Clarendon, l'a expressément déclaré dans sa dépêche à sir Rutherford Alcock, en date du 19 mai 1869 : « Le « gouvernement de Sa Majesté, dit-il, pense, d'accord avec vous, qu'il n'a point « à insister, en faveur des missionnaires anglais, sur l'obtention des priviléges « concédés aux missionnaires catholiques romains. Il y est d'autant moins dis « posé que les susdits priviléges ne reposent pas sur une base plus solide que « *l'interpolation d'un texte inséré dans la version chinoise du traité français, et* « *qui n'existe pas dans la rédaction française de ce même traité.* Vous ne laisserez

Quelques missionnaires protestants n'en sont pas moins établis dans l'intérieur ; leurs œuvres ont pris racine dans quelques chefs-lieux de province ; mais, bien avertis qu'ils n'ont pas à leur service le bras de la Grande-Bretagne, ils sont forcés de suivre les conseils que leur a donnés lord Granville, dans une dépêche déjà citée : « de s'abstenir de tout ce qui pourrait inspirer aux Chinois du soupçon ou de l'animosité, et de détourner avec insistance leurs prosélytes de l'idée que leur conversion au christianisme les dispense de leurs devoirs généraux de sujets chinois. » Cette manière de voir du gouvernement anglais a naturellement soulevé les réclamations des sociétés bibliques. Dans la polémique qui s'est engagée à ce sujet, quelques hommes d'État ont reproché aux missionnaires protestants de ne pas être à la hauteur d'une tâche aussi délicate qu'une propagande religieuse. C'est, à notre avis, un reproche immérité. Si ces missionnaires, divisés en sectes nombreuses, réduits à des ressources modiques par le manque de concentration de leurs efforts, mariés pour la plupart, ne pouvant par conséquent s'éloigner beaucoup de leurs familles pour prêcher dans l'intérieur, ne font que peu de progrès, ils ne laissent pas d'apporter une part très-appréciable dans l'œuvre de la civilisation et du rapprochement de la Chine avec l'Europe, soit par les écoles et les hôpitaux qu'ils fondent, soit par leurs études, leurs travaux, leurs observations, qui embrassent presque toutes les branches des sciences morales et physiques. Ils traduisent pour les Chinois nos principaux livres de mathématiques et de sciences industrielles. A l'Europe, à l'Occident, ils font connaître par des publications continuelles les mœurs, la philosophie, la religion, la médecine, la flore de l'empire du Milieu. Ils ont pris sous ce

« donc pas les missionnaires anglais supposer qu'en vertu de cette interpolation
« le gouvernement de la reine soit disposé à soutenir les prétentions qu'ils
« émettent de jouir de priviléges de résidence et de voyage dans l'intérieur de
« la Chine plus étendus que ceux des autres sujets britanniques. Vous les aver-
« tirez, s'il le faut, que s'ils cherchaient à usurper de semblables priviléges, ce
« serait à leurs risques et périls et sous leur propre responsabilité ; ils ne de-
« vraient, en cas de danger, compter sur aucune action ou intervention armée
« du gouvernement de Sa Majesté. »

rapport dans le monde savant la place qu'occupaient les jésuites au xviiiᵉ siècle.

Ne terminons pas cette série d'observations sur les missions sans dire quelques mots de la Corée, où nous avons été près en 1866 d'engager une guerre. Nos missionnaires et leurs néophytes avaient été massacrés. Si l'on s'en rapporte aux bruits qui coururent à cette époque, c'est la crainte d'une invasion russe qui causa ce triste événement. Le commandant en chef de notre station se transporta avec sa division à l'entrée du fleuve qui passe à Séoul, la capitale du royaume; mais, après une reconnaissance brillante poussée jusqu'aux remparts de cette ville, et après la destruction des forts élevés à l'embouchure du fleuve, il se retira devant les approches de l'hiver et pour obéir aux instructions qu'il avait reçues. Les États-Unis ont envoyé aussi, en 1871, une expédition en Corée. Ils voulaient réclamer des compensations pour l'équipage d'un de leurs navires massacré sur les côtes du pays, et conclure, s'il était possible, un traité de commerce. Leur reconnaissance fut arrêtée à quelques milles au-dessus de l'entrée de la rivière ; ils ont, comme nous, démoli des forts et s'en sont tenus là. Le roi est toujours dans sa capitale ; il a donné ordre d'accueillir avec bienveillance une députation anglaise, envoyée il a quelques mois dans le pays pour rechercher des naufragés, mais en déclarant une fois encore qu'il n'avait aucun dessein d'ouvrir ses États aux étrangers. Il lui serait pourtant avantageux de ne pas rester dans son isolement en prévision des dangers dont le menace la Russie. On prête, en effet, à cette puissance l'intention de se procurer en Corée un port à l'abri des glaces, et qui puisse relier ses possessions sur l'Amour avec le nord du Japon, où elle aurait aussi, dit-on, des projets d'établissement.

Nos missionnaires, malgré les persécutions, sont revenus en Corée. On ne peut prévoir l'époque où la France trouvera le moyen de leur y assurer un meilleur sort. Il faudra probablement attendre que des intérêts politiques amènent les nations étrangères à s'unir pour réclamer par la force, sinon par des négociations, l'ouverture de ce pays. On l'obtiendra ainsi sans beaucoup de

peine, simplement avec le concours des différentes divisions na-
vales qui stationnent dans ces parages et sans avoir besoin de rien
demander aux métropoles respectives. Il n'en a pas fallu davan-
tage pour forcer l'accès du Japon.

## CHAPITRE IV.

Nous croyons utile, en terminant, d'attirer l'attention sur les
sacrifices qu'exigerait de la France une nouvelle expédition en
Chine, si un jour les circonstances l'y poussaient. Beaucoup de
personnes en parlent à la légère ; se rappelant qu'en 1860 les
troupes alliées, fortes à peine de 20,000 hommes, purent arriver
au pas de course et de victoire en victoire jusque sous les murs de
Pékin, on se figure que de pareils effectifs seraient encore suffi-
sants ; nous l'avons même entendu dire par des Européens résidant en Chine. C'est là une illusion. Si le gouvernement chinois
est resté jusqu'ici inerte devant la pression exercée sur lui pour
lui faire adopter les chemins de fer et les télégraphes, il est un but
qu'il poursuit résolûment : celui de s'armer. Tous les mandarins,
du premier au dernier degré de la hiérarchie, ont à cœur de voir
leur pays prendre une attitude qui impose le respect, et ne le
laisse plus soumis aux menaces qu'on lui prodigue plus souvent
peut-être qu'il ne le faudrait, et quelquefois sans prétextes jus-
tifiables. Les journaux anglais qui se publient en Chine contri-
buent à entretenir ce sentiment en prêchant la guerre sans relâ-
che. A l'heure qu'il est, le gouvernement chinois peut compter
sur 50,000 hommes de troupes armés de fusils à tir rapide, dont
5,000 carabines Remington et 45,000 carabines Enfield. Le vice-
roi du Tché-li, Li-houng-tchang, en a 30,000 environ sous ses
ordres ; Tseng-kouo-fang, gouverneur général des deux Kiang,
en a 20,000 ; ces deux mandarins disposent d'une trentaine de
batteries de campagne et de montagne. Leurs soldats savent
se servir de leurs armes ; beaucoup d'entre eux ont combattu
dans les corps anglo-franco-chinois au temps de la guerre des

Taïpings et savent ce que c'est que de marcher résolûment au feu. Ils présenteraient une tout autre résistance que les cavaliers ou fantassins armés d'arcs et de flèches qui furent opposés à nos troupes en 1860. En évaluant au bas mot les forces qu'il faudrait jeter en Chine, nous ne conseillerions pas de s'y aventurer aujourd'hui avec moins de 40,000 hommes, accompagnés de cavalerie et d'artillerie.

Telle nous semble être la vérité pour le présent ; dans quelques années, les moyens d'attaque devront être plus considérables, car la Chine ne s'arrêtera pas dans la voie où elle est entrée. Les arsenaux et les usines qui ont été organisés pour elle, et dont elle augmente graduellement le nombre et l'importance, donnent déjà des résultats. A Shanghaï et à Nankin, on fabrique des canons, de la poudre et des fusils rayés ; la confection des fusils à répétition du système Remington y a été entreprise également. Le gouvernement poursuit la construction d'une flotte, effort certainement plus long et plus compliqué, mais qui finira par aboutir. Dans ses chantiers de Shanghaï, il a déjà lancé cinq navires ; on y travaille en ce moment à la construction d'une frégate à vapeur. A Fou-tchéou, il possède un véritable port militaire qui dès à présent peut livrer par an trois navires à vapeur en bois, machines et coques complètes. Les travaux y sont dirigés par un corps de 75 Européens, presque tous Français, ayant sous leur direction 2,500 ouvriers chinois. Un navire-école, des écoles de construction navale et de navigation attachées à cette entreprise donneront à la Chine, à échéance certaine et rapprochée, des officiers de marine et des contre-maîtres d'atelier. Les navires ne sont certainement pas bien formidables, leur armement n'est pas ce qu'il devrait être, et ils ne pourraient se mesurer avec la grosse artillerie ou l'éperon d'une frégate cuirassée ; mais c'est en définitive une affaire de peu d'années que d'arriver à la construction des bâtiments blindés. Enfin le cabinet de Pékin vient de décider l'envoi en Amérique de cinq séries de trente jeunes gens qui, partant de Chine à raison d'une série par année, iront pendant dix ans suivre des cours et acquérir des connaissances dans les cinq branches suivantes : droit, instruction militaire, instruction navale, génie civil et construction navale. C'est le premier pas d'une transformation dans le système d'éducation jusqu'à présent suivi.

La conséquence de ces essais ou, si l'on veut, de ces velléités de progrès, c'est que plus nous avancerons et plus la Chine prendra de force, plus aussi les relations avec elle deviendront importantes et pourront conduire à des conflits redoutables. Nous répéterons donc que la France fera bien de se dégager en Chine de toutes charges inutiles, telles que protectorat de concessions dont elle n'a que faire et réclamations d'avantages commerciaux qui ne sauraient lui profiter ; nous croyons enfin qu'elle fera sagement de chercher pour l'œuvre des missions catholiques une condition d'existence préférable, sous tous les points de vue, à celle dont elle éprouve aujourd'hui les difficultés avec son protectorat. Elle devra être toujours juste dans sa politique, équitable dans ses procédés, et ne plus dire : « Ce sont des Chinois ; à quoi bon se gêner ? » Il faut comprendre, au contraire, que l'on a devant soi un peuple qui n'oublie jamais les torts qu'on lui a faits. Ne perdons pas de vue que ce peuple a déjà subi trois guerres, dont l'une lui a imposé l'opium étranger et a développé la rébellion des Taïpings, quand il faut remonter à bien des siècles pour trouver sur le sol de l'Europe l'invasion des hordes asiatiques. Ne perdons pas de vue non plus que les conquêtes de l'industrie, bateaux à vapeur, télégraphes, chemins de fer, ont rapproché de nous des pays perdus jadis dans le lointain ; que Hongkong n'est qu'à quarante jours de Marseille, que Pékin sera peut-être plus tôt qu'on ne le croit à une dizaine de journées de Saint-Pétersbourg, et que ce dernier fait aurait pour conséquence probable de transporter l'action politique des peuples de la race blanche sur un théâtre dont la scène est encore confuse et peu étudiée.

La Chine et le Japon, une fois armés, amèneront sur les champs de bataille de cette partie de l'Asie des masses de combattants auxquels on n'a pas encore songé ; déjà les Russes, les Anglais, sont à leur poste  sur les frontières du Thibet ou sur les rives  du fleuve Amour ; l'Allemagne et l'Amérique se  préparent à leur rôle  en  développant leurs intérêts dans cette partie du monde. La France,  en face de ces éventualités,  doit sortir d'un  état  de choses  qui enchaîne sa politique,  et l'engagerait dans une voie peut-être funeste.

# CIRCULAIRE

# DU GOUVERNEMENT CHINOIS

## AU SUJET DES MISSIONS

### COMMUNIQUÉE EN 1871

### AUX REPRÉSENTANTS DES PUISSANCES ÉTRANGÈRES (1).

Le but que les puissances étrangères et la Chine se sont proposé à l'origine en signant des traités a été d'établir une situation permanente leur assurant des avantages réciproques et écartant les abus. Cependant l'expérience des dernières années a démontré que non-seulement ces traités ne remplissent pas ce but de permanence, mais qu'ils sont dès à présent d'une exécution difficile. Le commerce n'a point occasionné de différends entre la Chine et les puissances. Il n'en est pas de même des missions, qui engendrent des abus toujours croissants. Bien qu'il ait été déclaré à l'origine que l'objet premier des missions était d'exhorter les hommes à la vertu, le catholicisme, en suscitant des embarras au peuple, a produit en Chine un effet contraire. Ce (résultat fâcheux) est uniquement attribuable à l'inefficacité du mode d'action (suivi en la matière). Il est donc urgent d'aviser à remédier au mal et de rechercher une solution satisfaisante de la difficulté. En effet, cette question est de celles qui influent sur les grands intérêts de la paix des nations et sur ceux, également considérables, de leur commerce. Partout où les missionnaires catho-

(1) Nous reproduisons *in extenso* l'importante Circulaire du gouvernement chinois, dont il est question dans l'étude qui précède, et sans rien changer à la traduction officielle de ce document en français. Cette circulaire se compose, d'une part, des considérations générales qui ont déterminé l'action du gouvernement chinois, et de l'autre du Projet de règlement élaboré dans les bureaux du *Tsong-li-Yamên* (département des affaires étrangères à Pékin), et concernant la situation des missionnaires.

liques ont paru, ils se sont attiré l'animadversion du peuple, et Votre Excellence n'ignore pas que les affaires qui se sont présentées depuis plusieurs années renfermaient des points de désaccord de toute nature.

Les premiers missionnaires catholiques qui se sont établis en Chine étaient appelés « lettrés de l'Occident ». La plupart des conversions s'opéraient alors parmi les gens honorables. Par contre, depuis que des traités ont été échangés (1860), la majeure partie des convertis sont des gens sans vertu, de sorte que la religion, qui a pour but d'exhorter les hommes à la vertu, ne jouit plus d'aucune considération. L'inquiétude s'est dès lors emparée des consciences. Les chrétiens n'en ont pas moins continué, à l'ombre de l'influence des missionnaires, à malmener et à opprimer le peuple; de là une recrudescence d'inquiétude, puis des querelles entre chrétiens et non-chrétiens, et enfin des troubles. Les autorités procèdent à l'instruction de l'affaire, les missionnaires prennent fait et cause pour les chrétiens, et les soutiennent dans leur insubordination envers ces mêmes autorités. Alors le malaise qui règne parmi le peuple prend des proportions plus grandes. Il y a plus, d'anciens rebelles hors la loi, des amateurs de chicane cherchent un refuge dans l'église, et s'appuient sur son influence pour commettre des désordres. A ce moment les rancunes déjà profondes du peuple dégénèrent, en s'accumulant, en une haine qui atteint enfin son paroxysme. Le peuple, en général, ignorant la différence qui existe entre le protestantisme et le catholicisme, comprend ces deux religions sous cette dernière dénomination. Il ne saisit pas la distinction qui doit être faite entre les différentes nations qui composent l'Europe et donne aux Européens le nom générique « d'hommes de l'extérieur », de sorte que quand des troubles éclatent les étrangers résidant en Chine sont tous exposés aux mêmes périls. Dans les provinces même où les conflits ne se sont pas encore produits, l'inquiétude et le soupçon naîtront certainement parmi le peuple.

Un tel état de choses n'est-il pas de nature à occasionner une vive irritation et, par suite, de graves désordres? Les différences qui existent entre les religions et les nationalités sont des vérités qui échappent encore aux masses, malgré les efforts constants qui ont été tentés pour les leur faire apprécier. Le prince et les membres du Yamên, depuis dix ans qu'ils sont à la tête des affaires, sont en proie à des soucis incessants. Ces précautions ont été justifiées par les événements de Tien-tsin, dont la soudaineté a été foudroyante. Le procès des fonctionnaires (compromis) a été instruit, les meurtriers ont subi la peine capitale, une indemnité et des secours ont été payés; mais, bien que l'affaire soit aujourd'hui presque réglée, le prince et les membres du Yamên ne peuvent écarter l'inquiétude de leur cœur. En effet, si cette politique est la seule sur laquelle on puisse compter (pour régler) les différends entre chrétiens et non-chrétiens, elle deviendra plus précaire en raison de l'obligation où on sera d'y recourir plus souvent, et des désordres comme ceux de Tien-tsin se reproduiront plus terribles chaque fois. Si l'on envisage la question sous son aspect actuel, on se demande comment il est possible de s'entendre et de vivre de part et d'autre en paix. C'est non-seulement aux haines engendrées par les rancunes contenues du peuple, mais certainement aussi aux provocations des chrétiens qu'il faut attribuer les conflits à propos des missions, qui surgissent dans ces provinces. Si, d'un côté, ces conflits ont pu être amenés, par l'inefficacité relative de l'administration locale, ils sont cer inement aussi attribuables à la manière d'être des hauts fonctionnaires, chinois et européens, chargés de la direction des affaires (intéressant les deux pays), qui, connaissant l'attitude peu conciliante des missionnaires et des chrétiens, ne mettent aucune bonne volonté à rechercher les moyens de remédier au mal.

Du côté des Européens on ne vise qu'à se débarrasser de la préoccupation du moment, sans s'inquiéter si l'on porte ainsi atteinte ou non au repos des consciences ; on ne songe qu'à user de coercition. D'une autre part, les autorités locales n'ont qu'un seul but, celui de terminer l'affaire; des préoccupations d'avenir n'entrent pour rien dans cette politique à courte vue. Que si nous recherchons, de concert avec les Européens, à assurer par des moyens efficaces une entente réellement durable, nous ne trouvons pas chez ces derniers le désir d'asseoir la discussion sur des bases équitables. Quand cette discussion s'établit, on nous met en présence de moyens inacceptables qu'on prétend nous imposer par la violence, afin de pouvoir arrêter l'affaire. Ce n'est certes pas là la bonne et vraie manière de prendre soin des intérêts des deux pays.

Portant leur sollicitude sur l'ensemble de la question, et désirant sincèrement que la concorde et la paix règnent à jamais entre la Chine et l'Europe, le prince et les membres du Yamên sont tenus de rechercher les moyens les plus propres à assurer ce résultat. Ils croient savoir qu'il y a partout des ecclésiastiques en Europe, et que leur présence à l'étranger y est sans danger pour la bonne harmonie. Le maintien de cet heureux état de choses est sans doute dû à l'emploi de certains moyens, et à ce fait, qu'ecclésiastiques et chrétiens s'abstiennent de provoquer des conflits. Le prince et les membres du Yamên ont entendu dire que ces mêmes ecclésiastiques, à quelque nationalité qu'ils appartinssent, respectaient la loi et les coutumes du pays où ils habitaient, qu'il ne leur était pas permis de s'y constituer une sorte d'indépendance d'exception, et que les délits de toute nature, tels que les contraventions à la loi, l'insubordination à l'autorité des fonctionnaires, les abus et les usurpations de pouvoir, les actes attentatoires à la réputation des gens et oppressifs envers le peuple, qui provoquent ses soupçons et son ressentiment, y étaient sévèrement réprimés.

Si les missionnaires, avant de construire des établissements religieux en Chine et d'y prêcher leur doctrine, évitaient de se rendre odieux aux notables et au peuple, les suspicions disparaîtraient pour faire place à une confiance mutuelle, la concorde serait permanente, on ne verrait pas les églises détruites, la religion attaquée. Si ces mêmes missionnaires, dans la poursuite de leur œuvre, pouvaient inspirer à la multitude la conviction que leurs actes ne sont point en contradiction avec leurs enseignements; si, restant sourds aux instigations des chrétiens, ils évitaient, en s'interdisant toute ingérance dans l'administration locale, de prêter le concours de leur influence à des actes arbitraires et oppressifs qui engendrent des haines parmi les notables et le peuple, ils vivraient en parfaite harmonie avec les gens, et les fonctionnaires seraient en mesure de les protéger. Loin de là, les agissements des personnes qui viennent aujourd'hui en Chine y propager la religion chrétienne sont en désaccord complet avec les renseignements que le prince et le Yamên ont recueillis (sur les devoirs que leur impose leur sacerdoce). Ces personnes fondent chez nous comme un nombre indéterminé d'États dans l'État. Comment, dans ces conditions, espérer qu'une entente durable s'établisse et éviter qu'administrants et administrés ne s'unissent contre elles dans une communauté d'hostilité?

Le prince et les membres du Yamên sont pénétrés du désir de parer dès à présent à des éventualités si menaçantes. En effet ils craignent en toute sincérité qu'après le règlement de l'affaire de Tien-tsin l'animosité des chrétiens ignorants de l'empire ne prenne un caractère plus accentué d'insolente fanfaronnade, que l'amertume du ressentiment populaire n'augmente, et que tant de rancunes accumulées, faisant soudainement explosion, ne déterminent une catastrophe. Il ne serait plus alors possible aux autorités locales, ni aux hauts fonctionnaires provinciaux, ni même au Tsong-li-Yamên, de faire prévaloir leur autorité. Dans l'éventualité d'un soulèvement

général en Chine, l'empereur pourra déléguer de hauts dignitaires,
leur ordonner d'assembler partout des forces imposantes; mais les
dernières rigueurs n'atteignent pas les masses, et quand leur colère
se manifeste, il est des gens qui refusent de livrer leur tête au bour-
reau. Quand alors le mal sera sans remède, et que le désir que nous
avons les uns et les autres de sauvegarder des intérêts si grands ne
pourra plus être suivi d'effet, les hommes qui dirigent les affaires
internationales de Chine et d'Europe ne seront pas admis à décliner
la responsabilité qui leur incombe.

Bref, dans la direction des affaires, le point important, en Chine
comme en Europe, est de donner satisfaction à l'opinion. Si, man-
quant à ce devoir, on use d'oppression et de violence, un soulèvement général finira par avoir lieu. Il y a des moments où l'autorité
suprême est méconnue. Si les hauts fonctionnaires chinois et européens, sur qui retombe la responsabilité des affaires qui font l'objet
de nos préoccupations, assistant, spectateurs impassibles, à une
situation qui implique les plus grands dangers pour le peuple chinois, ainsi que pour les étrangers, négociants et particuliers, ne font
aucun effort pour trouver une solution qui remédie efficacement au
mal, il sera par la suite hors de leur pouvoir de traiter d'une façon
satisfaisante les affaires qui intéressent le public.

En conséquence, en vue de sauvegarder les grands intérêts de la
paix générale et de remédier aux abus signalés plus haut, le prince
et les membres du Yamên ont l'honneur de soumettre à Votre Excellence un projet de règlement en huit articles, qui a été également
communiqué aux représentants des autres puissances.

# PROJET DE RÈGLEMENT

### RELATIF

# AUX MISSIONNAIRES CHRÉTIENS

CONTENU DANS LA CIRCULAIRE DU GOUVERNEMENT CHINOIS

ET

COMMUNIQUÉ AUX REPRÉSENTANTS DES PUISSANCES ÉTRANGÈRES
DANS LE COURANT DE 1871.

ARTICLE Ier. — Les chrétiens, lorsqu'ils fondent un orphelinat n'en avertissent pas les autorités et ont l'air d'agir avec mystère; de là les soupçons et la haine du peuple. En cessant de recueillir les enfants, disparaîtraient en même temps tous les mauvais bruits qui circulent. Si cependant on veut continuer cette œuvre, il faudrait recueillir seulement les enfants de chrétiens nécessiteux, et alors on devrait avertir les autorités, qui inscriraient le jour de l'entrée de l'enfant, le nom de ses parents et le jour de sa sortie. Il faudrait aussi qu'il fût permis à des étrangers de pouvoir adopter ces enfants; de cette manière on arriverait à un bon résultat. Enfin, quand il s'agirait d'enfants non chrétiens, les hauts fonctionnaires devraient donner des ordres aux autorités locales pour qu'ils choisissent des sortes de fondés de pouvoir qui pourraient prendre toutes les décisions qui leur paraîtraient convenables.

En Chine, les règles qui régissent les orphelinats sont: qu'à l'entrée et à la sortie des enfants, on prenne note de la personne qui les confie ou de celle qui les adopte, la déclaration faite aux autorités, la permission donnée aux parents de visiter leurs enfants. Quand ces derniers sont devenus grands, ils peuvent être adoptés par une personne n'ayant pas d'enfants ou repris par les parents eux-mêmes, et alors n'importe à quelle religion on les a confiés, ils reviennent à la religion de leurs pères. L'enfant doit aussi être en tout bien traité. En exerçant ainsi cette œuvre de bienfaisance, elle devient des plus respectables.

Nous avons entendu dire que, dans chaque pays, les choses à cet égard se passaient à peu près comme en Chine. Comment se fait-il qu'arrivés dans notre pays, les étrangers ne suivent plus ces coutumes? Ils ne prennent pas note de la famille à laquelle appartient l'enfant et n'avertissent pas les autorités. Une fois que l'enfant est entré dans la maison, on ne permet pas à d'autres personnes de l'adopter, ni aux parents de le reprendre, ni même de le visiter. Tout cela fait concevoir des soupçons et excite la haine du peuple et peu à peu on arrive à une affaire comme celle de Tien-tsin. Bien que dans un rapport nous ayons démenti tous ces bruits d'arrachement d'yeux et de cœur, le peuple cependant conserve encore des doutes, et si même nous parvenons à lui fermer la bouche, nous ne pouvons arracher ces doutes de son esprit. Ce sont ces sortes d'inquiétudes qui donnent naissance à de terribles événements. Ce serait une bonne chose que d'abolir les orphelinats étrangers et de les transporter en Europe où l'on pourrait exercer sa bienfaisance tout à son aise : il appartiendrait alors aux Chinois de venir au secours des enfants. Du reste dans chaque province nous avons de nombreux orphelinats, et cependant les étrangers veulent à toute force nous prêter un concours dont nous n'avons aucunement besoin. Certes c'est avec de bonnes intentions qu'ils agissent ainsi, mais il n'est pas moins vrai que leur conduite soulève des soupçons et excite la colère. Il serait de beaucoup préférable que chacun exerçât sa bienfaisance dans son propre pays et alors aucun événement regrettable ne pourrait surgir.

ARTICLE II. — Les femmes ne devront plus entrer dans les églises, ni les sœurs de charité demeurer en Chine pour y enseigner la religion. Cette mesure ne fera que rendre les chrétiens plus respectables et aura pour résultat de faire cesser les mauvais bruits.

En Chine, la bonne réputation et la modestie sont choses fort importantes ; les hommes et les femmes ne peuvent même pas se toucher la main, ni demeurer ensemble ; il doit y avoir une sorte de ligne de séparation qu'on ne peut franchir. Après le traité, liberté entière fut donnée aux chrétiens, et alors les hommes et les femmes allèrent ensemble à l'église ; de là des rumeurs dans le public. Il y a des endroits même où les hommes et les femmes se trouvent ensemble non-seulement à l'église, mais encore dans l'intérieur des maisons. Le public, regardant cela d'une manière légère, conçoit des soupçons et pense qu'il se passe des choses contraires à l'honnêteté.

ARTICLE III. — Les missionnaires résidant en Chine doivent se conformer aux lois et aux usages de la Chine. Il ne leur est pas permis de s'y constituer une sorte d'indépendance d'exception, de se montrer récalcitrants à l'autorité du gouvernement et des fonctionnaires, de s'attribuer des pouvoirs qui ne leur appartiennent pas, de porter atteinte à la réputation des gens, d'opprimer le peuple et de dénigrer la doctrine de Confucius, ce par quoi ils donnent matière aux soupçons, aux ressentiments et à l'indignation des masses. Les missionnaires doivent se soumettre, comme tout le monde, à l'autorité des fonctionnaires locaux, et les chrétiens chinois être en tout cas traités selon la loi commune ; à l'exception des frais des solennités théâtrales et du culte des divinités protectrices des campagnes auxquels, en vertu des conventions, ils sont dispensés de contribuer, les chrétiens ne peuvent se soustraire aux réquisitions ni aux corvées, et sont tenus d'accepter comme tout le monde les charges imposées par l'administration locale. A plus forte raison ils ne peuvent se refuser à payer l'intégralité des impôts fonciers et des fermages, non plus que les missionnaires les diriger et les soutenir dans les infractions à la règle commune.

Les affaires litigieuses entre chrétiens et non-chrétiens ressortissent à la juridiction équitable des autorités et ne peuvent être abandonnées au patronage des missionnaires. Ces derniers ne doivent pas éloigner des tribunaux les chrétiens demandeurs ou défendeurs, ce qui, dans un procès, entraîne des retards et porte ainsi préjudice aux autres parties intéressées. Au cas ou des missionnaires se permettraient de s'immiscer dans des affaires en dehors de leur province, les autorités locales devront renvoyer leurs communications verbales ou écrites aux hauts fonctionnaires provinciaux, qui en référeront, à leur tour, au Tsong-li-Yamên afin qu'il soit ultérieurement avisé au rapatriement de ces mêmes missionnaires. Dans le cas où des chrétiens, dans des litiges à propos d'alliances matrimoniales ou de biens fonciers, se targueraient de leur qualité de chrétiens pour invoquer l'intervention des missionnaires, ils seront punis sévèrement par les autorités.

La Chine honore la religion de Confucius; on y professe en outre celle de Boùdha et de Taô ainsi que la doctrine des Lamas. Or il n'est pas d'exemple que ces derniers, bien qu'ils ne soient pas Chinois, méconnaissent les décisions des autorités chinoises, leur donnant raison ou tort. Nous entendons dire que les missionnaires sont soumis à l'étranger à la législation du pays où ils habitent, et qu'il leur est interdit de s'y constituer indépendants, de contrevenir à la loi, de commettre des usurpations d'autorité, de porter atteinte à la réputation des gens ou de leur causer des préjudices ainsi que d'exciter le soupçon et le ressentiment du peuple. De même les missionnaires qui enseignent leur religion en Chine doivent se soumettre à l'autorité des magistrats de ce pays; néanmoins ils se montrent orgueilleusement indépendants et méconnaissent l'autorité des fonctionnaires. Ne se mettent-ils pas ainsi eux-mêmes hors la loi? Les chrétiens en Chine restent sujets chinois et n'en sont que plus tenus à demeurer fidèles à leurs devoirs. Il ne peut être établi, en aucun cas, de différence entre eux et le reste du peuple. Les chrétiens des villes et des campagnes doivent vivre en bonne harmonie avec leurs compatriotes. Cependant, dans les affaires intéressant le public, quand des souscriptions populaires sont ouvertes ou des corvées requises, ils se targuent de leur qualité de chrétiens pour se dérober à ces charges. Eux-mêmes créent (en leur faveur) une exception. Comment éviter que le reste du peuple maintienne (contre eux) cette exception? Il y a plus, ils refusent l'impôt et les corvées, ils intimident les fonctionnaires, ils oppriment les gens qui n'appartiennent pas à leur religion. Les missionnaires étrangers ne se rendent pas un compte exact de la situation : non-seulement ils donnent asile à des chrétiens qui se sont rendus coupables de délits et refusent de les livrer à la justice, mais encore ils consentent à protéger injustement des gens qui ne se sont convertis que parce qu'ils avaient commis quelque crime. Dans les provinces, les missionnaires se font, auprès des autorités locales, les avocats des chrétiens qui ont des procès; témoin cette femme chrétienne du Sse-tchouen qui exigeait de ses fermiers des payements en nature qui ne lui étaient pas dus et commit ultérieurement un assassinat. Un évêque français se permit d'adresser aux autorités une dépêche pour plaider la cause de cette femme et lui procura l'impunité ! Ce fait souleva parmi les gens du Sse-tchouen des haines qui subsistent encore aujourd'hui. Dans le Kouei-tchéou, les chrétiens qui ont des procès s'intitulent chrétiens dans l'acte d'accusation, à seule fin de se procurer gain de cause. C'est là un abus bien connu. Il arrive aussi que deux familles étant unies par des liens matrimoniaux, une de ces familles se convertit au christianisme, puis force celle qui ne s'est pas convertie à rompre l'alliance. Entre gens du même sang on a vu des pères et des frères aînés, après s'être convertis, porter une accusation pour manquement aux devoirs de famille contre leurs enfants ou leurs cadets par la seule raison que ces derniers avaient refusé de se convertir. Ces actes sont encouragés par les missionnaires. De telles pratiques ne sont-elles pas de nature à exciter au plus haut degré l'indignation populaire?

ARTICLE IV. — Les Chinois et les étrangers vivant ensemble doivent être conduits suivant les mêmes règles. Par exemple, si un homme en tue un autre, il doit être puni, si c'est un Chinois, suivant la loi chinoise, si c'est un étranger, suivant la loi de son pays. En agissant ainsi le bon ordre régnera. Peu importe la manière dont les Chinois ou les étrangers traitent cette affaire ; ce qu'il faut, c'est une punition. Mais une fois que cette punition a été infligée, que l'on ne vienne pas réclamer des indemnités, et surtout que l'on ne cherche pas le soi-disant fauteur du crime pour exiger de lui une certaine somme. C'est aux autorités locales qu'il appartient de juger les différends qui peuvent s'élever entre les chrétiens et le peuple. Si c'est un païen qui a des torts envers un chrétien, il doit être puni plus ou moins sévèrement suivant la gravité du délit, de même s'il s'agit d'un chrétien accusé par un païen. Le fonctionnaire doit toujours juger avec la plus parfaite justice et la plus grande impartialité.

Si un chrétien se conduit en tout contrairement aux règles, l'autorité locale prend des informations, et si quelqu'un accuse ce chrétien, on saisit ce dernier pour le juger. Mais il ne faut pas qu'à ce moment les missionnaires se présentent pour le défendre et le disculper. Si le cas se présentait d'un missionnaire empêchant un chrétien de se rendre aux injonctions de l'autorité, il faudrait punir non-seulement le chrétien, mais aussi le missionnaire, ou du moins le renvoyer dans son pays.

La 6ᵉ année du règne de Tong-tche, un missionnaire, M. Mabileau, fut tué dans le Sse-tchouen. Le meurtrier, nommé Yang-lao-wou, fut arrêté et condamné à mort. Mais outre cela M. Mihière vint accuser un homme, faisant partie de la classe des lettrés, d'avoir été l'instigateur de ce meurtre, et exigea de lui une indemnité de 80,000 taëls.

Les individus qui commettent des désordres appartiennent d'ordinaire à la plus basse classe du peuple. Quand ils se rendent coupables de quelque crime on s'en empare et on les punit ; mais on ne doit pas porter des accusations contre des lettrés pour tirer d'eux de grosses indemnités. Une telle conduite excite la haine.

La 8ᵉ année du règne de Tong-tche, un missionnaire, M. Rigaud, fut tué dans le Sse-Tchouen; ce fut une alliance manquée entre deux familles qui causa ce meurtre. Tchong-tiang-tiune et Li-tchoun-tang jugèrent cette affaire. Ils firent arrêter le meurtrier de M. Rigaud, nommé Ho-tsaé, et le meurtrier d'un chrétien nommé Liou-fou, tous deux appartenant à la basse classe; l'un d'eux fut condamné à avoir la tête tranchée, l'autre à la pendaison. En outre, des chrétiens tuèrent des gens du peuple; chaque année il y avait des luttes entre créanciers et débiteurs, des viols et des incendies.

Les instigateurs de tout cela étaient Ouang-chué-ting, Tchang-tien-chin, et autres. On voulut les saisir et les punir, mais ils ne se rendirent pas aux injonctions de l'autorité.

De plus encore, les chrétiens, sous la conduite d'un prêtre nommé Tang-fou-tchueng, tuèrent Tchao-yong-lin et 200 autres personnes. On demanda de livrer ce missionnaire, mais M. l'abbé Mihière vint dire qu'il était parti pour l'Europe et qu'il n'y avait aucun moyen d'arranger cette affaire. De là une grande colère chez les habitants du Sse-tchouen.

ARTICLE V. — Les passeports délivrés aux missionnaires français qui pénètrent dans l'intérieur devront clairement porter mention de la province et de la préfecture où ils comptent se rendre; les noms et qualités du porteur et ces conditions, qu'il ne pourra se rendre clandestinement dans une autre province et que le passeport est personnel, seront également consignés dans cet instrument. Le missionnaire ne devra pas passer en contrebande aux barrières de douane et d'octroi des marchandises sujettes aux droits. A son arrivée à destination, il devra présenter son passeport au visa des autorités. S'il est alors constaté que le porteur s'est rendu à une autre destination que celle désignée dans le passeport ou que cette pièce a été transmise à un chrétien chinois dans le but de se faire passer pour un missionnaire, ledit passeport sera annulé. D'un autre côté, s'il demeure acquis que le porteur s'en est rendu possesseur à prix d'argent ou qu'il ait commis quelque autre contravention grave, l'individu qui aura ainsi faussement assumé la qualité de missionnaire sera puni et le missionnaire titulaire sera renvoyé dans son pays. Afin que le contrôle puisse partout s'exercer, le nom du missionnaire sera consigné dans le passeport en écriture chinoise qui fera foi. Le passeport devra être annulé dans le cas où le titulaire serait rentré dans sa patrie, serait décédé ou aurait abandonné l'œuvre des missions. Il ne sera pas délivré de passeport pour les provinces où il y aurait des rebelles, ni même et dorénavant pour celles où opéreraient les armées impériales; ceci dans le but évident d'assurer loyalement la sauvegarde des missionnaires.

A l'appui du projet ci-dessus, le Yamèn rappellera une affaire de missions qui se présenta dans le Kouei-tchéou où un certain Tchao opérait comme missionnaire, bien que son nom ne figurât pas sur le registre des passeports. A ce sujet, le Yamèn reçut une lettre de M. l'interprète Devéria dans laquelle ce dernier exposait que, d'après un ancien registre français, le missionnaire assassiné, Tchao, avait reçu en date du 25ᵉ jour du 6ᵉ mois de la 4ᵉ année de Tong-tche, un passeport dans lequel il était désigné sous le nom de Joué-lo-sse; que ce nom de Tchao était erroné ; que la victime était bien réellement le nommé Joué-lo-sse ; que d'un autre côté le même Joué-lo-sse se trouvait inscrit sous le n° 325 comme se rendant au Sse-tchouen, puis au Kouei-tchéou. Cependant le Yamên put se convaincre que ni ce nom de Tchao, ni celui de Joué-lo-sse ne figuraient sur son registre de passeports.

Il y avait donc double erreur dans le nom du missionnaire et dans celui de sa résidence. Comment alors établir une identité et assurer à la partie intéressée une protection efficace ?

Il y eut aussi une affaire de meurtre commis par le missionnaire Splingaert sur la personne d'un Russe. Ce Splingaert fut d'abord missionnaire, puis entra comme constable à la légation de Prusse. Il n'en garda pas moins par-devers lui son passeport, de sorte que s'il s'en est dessaisi en faveur d'une autre personne ou l'a perdu, non-seulement l'abus qui consiste à se faire passer pour missionnaire a pu se produire, mais il eût pu surgir de graves inconvénients pour la chose publique au cas où ledit passeport fût tombé entre les mains de rebelles. D'un autre côté, la dignité des missionnaires nous semble devoir être gravement atteinte par de telles irrégularités.

Article VI. — Le but des missionnaires étant d'exhorter les hommes à la vertu, il importe qu'avant d'admettre un individu dans la religion, on examine s'il a subi quelque condamnation ou s'il a commis quelque crime. Si l'enquête est en sa faveur, il peut se faire chrétien ; dans le cas contraire, cela ne doit pas lui être permis.

Il faut, en outre, agir comme le font les ministres de notre religion, qui avertissent les surveillants des dix familles et font inscrire le nom de la personne sur le registre à ce destiné. De même les missionnaires doivent avertir les autorités qui prendront note du jour, du mois et de l'année de la réception, du pays et de la qualité de l'individu, s'informeront s'il n'a jamais subi de condamnation ou s'il n'a pas changé de nom. En agissant ainsi, il ne pourra y avoir aucune confusion.

Si l'on envoyait un chrétien pour faire une mission et qu'il mourût en voyage, déclaration doit être faite au fonctionnaire compétent. Si, après s'être convertie, une personne commet quelque mauvaise action, on doit la renvoyer et ne plus la regarder comme faisant partie de la religion. Chaque mois ou au moins chaque trimestre, les autorités devront être averties du nombre des conversions. Les autorités devront aussi agir comme elles le font pour nos temples, c'est-à-dire aller tous les mois ou au moins tous les trimestres visiter les missions. Cette mesure ne portera aucune atteinte à la religion et assurera, au contraire, la tranquillité.

La 9e année du règne de Tong-tche, le gouverneur du Kouei-tchéou avertit le Yamên qu'à Kouei-ting-hien des gens, qui n'étaient autres auparavant que des voleurs, faisaient partie d'une milice dont les chrétiens Yen-yu-shiang et Lia-tchang-chin étaient les chefs. Passant pour chrétiens, ces hommes étaient bien considérés ; cependant ils commirent toutes sortes de désordres, tuèrent Ouang-ang-pao et Tsouo-ing-ho, blessèrent grièvement trois autres personnes et enlevèrent des maisons non-seulement l'argent, mais encore tous les objets qu'elles renfermaient et jusqu'au bétail.

La 8ᵉ année du règne de Tong-tche, le gouverneur du Kouei-tchéou avertit encore notre Yamên qu'à Tsoun-i-hien une pétition avait été adressée pour déclarer que des rebelles dont les chefs étaient Soung-yu-chan, Tang-cheun-hien, Tan-yuen-chouy, Tien-yuen-yuen, avaient embrassé la religion catholique et que cependant ils continuaient à l'intérieur et au dehors de la ville à exercer des désordres et des vexations sans nom et sans nombre. Dans le même endroit aussi, des gens nommés Yang-chi-pouo, Liou-kaï-ouen, Tchang-chiao-ming, Houo-ouen-tieou, Tchao-ouen-gan avaient embrassé la religion catholique et étaient même occupés dans l'intérieur de la mission. Cependant au dehors ils commettaient toutes sortes d'exactions contre les orphelins et les faibles et intimidaient les pauvres d'esprit. Ils allaient à chaque instant au Yamên et se chargeaient de régler les procès. Dans une affaire entre un chrétien et un homme du peuple, si le mandarin donnait raison à ce dernier, ils réunissaient les chrétiens, envahissaient le Yamên et forçaient l'autorité à revenir sur le jugement. Si malgré cela le mandarin ne voulait pas leur rendre le chrétien, ils revenaient avec une carte d'un missionnaire et réclamaient de sa part la liberté de leur ami. En outre, ils commettaient toutes sortes d'attentats sur les personnes et les propriétés; si on leur résistait, ils frappaient et même ne craignaient pas de tuer et se rendaient coupables de bien d'autres crimes encore.

ARTICLE VII. — Les missionnaires doivent observer les coutumes chinoises et ne s'en écarter en rien; ils ne doivent pas, par exemple, faire usage de sceaux réservés aux fonctionnaires seuls. Il ne leur est pas permis d'envoyer des dépêches à un Yamên de quelque importance qu'il soit. Si cependant, pour une affaire urgente, il était absolument nécessaire d'écrire, ils le pourraient, mais en observant bien de ne pas parler des choses en dehors et en se servant, comme les personnes appartenant à la classe des lettrés, du Ping-tieh (pétition). Quand les missionnaires rendent visite à un grand mandarin, ils doivent observer les mêmes cérémonies que celles exigées des lettrés; s'ils visitent un mandarin d'un rang inférieur, ils doivent aussi se conformer aux cérémonies d'usage. Il ne faut pas qu'ils aillent sans cérémonie dans les Yamêns et y porter le désordre et la confusion dans les affaires.

La 6ᵉ année du règne de Tong-tche, le gouverneur du Sse-tchouen nous écrivit que l'évêque français, Mgr Pinchon, avait, dans une lettre qu'il envoyait aux autorités, fait usage d'un sceau officiel fabriqué par lui-même.

La 7ᵉ année du règne de Tong-tche, Mgr Faurie, évêque du Kouei-tchéou, remit à l'officier chargé de faire parvenir les lettres du gouvernement, une dépêche à l'adresse du Yamên pour lui demander d'accorder des marques de distinction à un Tao-taï, nommé Touo-ouen et à d'autres personnes encore.

Dans le Chan-toung, un missionnaire se fit passer pour Hsin-fou (gouverneur de province).

Dans le Sse-tchouen et le Kouei-tchéou des missionnaires se sont permis de demander la révocation de mandarins qui n'avaient pas réglé leurs affaires à leur satisfaction.

Ainsi ce n'est pas seulement l'autorité de simples fonctionnaires qu'ils s'attribuent, ils prétendent encore à un pouvoir que le souverain seul possède. Comment, après de pareils actes, l'indignation générale ne serait-elle pas soulevée?

Article VIII. — Les missionnaires ne devront pas réclamer comme appartenant à l'Eglise les biens qu'il leur plaira de désigner ; de cette manière aucune difficulté ne s'élèvera. Si les missionnaires veulent acheter un terrain pour y bâtir une église ou louer une maison pour y établir leur résidence, ils devront, avant de conclure le marché, aller avec le véritable propriétaire faire une déclaration à l'autorité locale, qui examinera si le Fong-choui ne présente aucun empêchement. Si l'autorité juge qu'il n'y a aucun inconvénient pour le Fong-choui, il faudra alors demander le consentement des habitants de l'endroit. Ces deux formalités remplies, on devra en outre, dans le texte du contrat, suivre le règlement paru la 4ᵉ année du règne de Tong-tche, c'est-à-dire déclarer que le terrain appartient en toute propriété aux chrétiens chinois. Il ne sera pas permis dans l'achat de propriétés d'en opérer le transfert en faisant usage d'un autre nom que celui du véritable acquéreur ; il sera défendu aussi d'opérer ce transfert d'une manière contraire à la loi, en suivant les conseils de malhonnêtes gens.

Les missionnaires habitant continuellement la Chine doivent s'efforcer d'inspirer de la confiance, de manière à ne pas exciter le mécontentement et l'aversion du peuple, mais, au contraire, à vivre dans de bons termes avec lui sans exciter jamais les soupçons. En ce moment il y a presque toujours désaccord entre les deux parties, et c'est la conduite des chrétiens qui en est cause. Ainsi pour ce qui est des biens de l'Eglise, ces dernières années il y a eu des réclamations dans toutes les provinces, et les missionnaires exigent la restitution sans s'inquiéter si cela peut blesser la susceptibilité du peuple ou porter atteinte à ses intérêts. En outre, ce sont de belles maisons appartenant à des lettrés qu'ils revendiquent, et ils en expulsent le propriétaire dans le plus bref délai. Mais ce qu'il y a de plus fort et qui blesse la dignité du peuple, c'est que souvent ils réclament, comme leur propriété, des yamèns, des lieux d'assemblée, des temples tenus en grand respect par les lettrés et les habitants du voisinage.

Certainement dans chaque province se trouvent des maisons qui appartenaient jadis à l'Eglise ; mais on doit tenir compte du nombre d'années qui se sont écoulées depuis et songer que des chrétiens ont vendu ces maisons et qu'elles sont peut-être passées entre les mains de plusieurs propriétaires. Il faut aussi considérer que la maison a pu être vendue vieille et délabrée, et que l'acquéreur a peut-être fait de grosses dépenses pour la réparer ou même en a construit une nouvelle. Les missionnaires ne considèrent rien de tout cela. Ils exigent la restitution et n'offrent pas même la moindre indemnité. Quelquefois même, ils demandent à ce qu'on fasse des réparations, ou, sinon, une certaine somme d'argent. Une telle conduite excite l'indignation du peuple qui voit les missionnaires d'un mauvais œil : partant il ne peut exister d'amitié.

Les faits qui sont consignés dans ce memorandum ont été choisis comme exemples parmi bien d'autres pour montrer ce qu'il y a d'irrégulier dans les actes des missionnaires, et prouver l'impossibilité pour les chrétiens et non-chrétiens de vivre en bonne harmonie.

Il est donc urgent de chercher à remédier au mal; les uns et les autres y trouveront leur avantage, et l'on évitera que cette seule question des missions devienne fatale aux grands intérêts entre la Chine et l'Occident. Nous renonçons à énumérer les nombreuses affaires qui surgissent dans les provinces. Il importe de séparer l'ivraie du bon grain, de sévir contre les méchants dans l'intérêt des bons. Pour ce qui est du commerce, par exemple, on punit sévèrement les négociants coupables de délits afin de sauvegarder l'honneur du commerce en général. Du moment que les missionnaires admettent tout le monde sans prendre soin de distinguer entre les bons et les mauvais, ces derniers affluent dans la communauté chrétienne et s'appuient sur les missionnaires pour molester les gens de bien et mépriser l'autorité des magistrats. Dans ces conditions le ressentiment de la multitude devient profond. Si le peuple chinois tout entier en arrive, comme les gens de Tien-tsin, à détester les étrangers, l'autorité suprême elle-même ne pourra plus s'interposer efficacement. Tels sont les dangers que la situation présente implique.

Les règlements que nous proposons aujourd'hui sont la dernière expression de notre ferme volonté de protéger les missionnaires et ne comportent rien de malveillant pour eux. S'ils s'efforcent sincèrement de s'y conformer, la bonne harmonie pourra être maintenue; si, d'un autre côté, les missionnaires considèrent ces mêmes règlements comme attentatoires à leur indépendance ou contraires à leurs rites, ils peuvent renoncer à prêcher leur religion en Chine. Le gouvernement chinois traite ses sujets chrétiens ou non-chrétiens sur un pied d'égalité parfaite; c'est la preuve évidente qu'il n'est pas contraire à l'œuvre des missions. En revanche, les missionnaires, se laissant duper par les chrétiens, ne restent pas fidèles à leurs devoirs. De cet état de choses doivent résulter une haine des masses contre laquelle il sera bien difficile de lutter, et un ébranlement général du bon ordre qui rendra toute protection impossible. Mieux vaut, dès à présent, dire franchement la vérité.

# DÉPÊCHE

## DU COMTE DE ROCHECHOUART

### CHARGÉ D'AFFAIRES DE FRANCE

## AU TSONG-LI-YAMEN

### EN RÉPONSE

### A LA CIRCULAIRE CONCERNANT LES MISSIONNAIRES.

Le gouvernement français, après avoir étudié le projet de règlement en huit articles proposé par le gouvernement chinois au sujet des missionnaires, vient de formuler une réponse; mais il a cru devoir en suspendre l'envoi à S. E. Tchong-ho jusqu'au moment où il aura pu s'entendre avec les autres pays et notamment avec l'Angleterre à ce sujet.

Comme l'envoi de ce document par Vos Excellences était en quelque sorte officieux, je crois également pouvoir officieusement vous donner le sens de la réponse qui vous sera faite.

L'émotion que le projet de Vos Excellences a fait naître en France se justifie d'elle-même. Si la pensée qui l'a dicté prévalait, nos rapports avec le Céleste Empire seraient profondément troublés, peut-être rompus. Il accuse d'ailleurs un état de choses qui appelle notre plus sérieux examen, et nous met en demeure de nous tracer une ligne de conduite nette et raisonnée. C'est pourquoi il ne suffit pas d'apprécier le projet chinois, de l'admettre ou de le repousser; il faut se rendre compte de ses causes et se demander quelle situation leur constatation nous révèle.

La réponse du ministre des États-Unis peut déjà être considérée comme un élément de décision parfaitement acceptable. Elle est empreinte d'un esprit libéral, ferme, modéré, qui certainement aura produit une salutaire impression.

Les accusations du gouvernement chinois contre les missions catholiques sont fort anciennes, elles ont été bien des fois examinées et réfutées. Elles se résument à l'heure actuelle dans les propositions soumises à la France par les huit articles si heureusement commentés par la note américaine.

ARTICLE I<sup>er</sup>. — *Relatif aux orphelinats*. Le gouvernement français pense avec M. Low, qu'il n'y a aucune raison de restreindre la liberté laissée à nos missionnaires. Ils ont rendu de grands services en recueillant de pauvres créatures abandonnées, et l'on peut avoir toute confiance en leur inépuisable charité. Il importe néanmoins que cette charité soit toujours tempérée par une extrême prudence. Les missionnaires iront d'eux-mêmes au-devant de toutes les mesures de précaution qui pourraient être réclamées ; du reste, ils ne s'y sont jamais refusés.

L'article I<sup>er</sup> suppose que les enfants élevés dans les orphelinats y sont l'objet d'une séquestration véritable, soustraits ainsi à toute surveillance de leurs parents, et il en tire cette conséquence que les missionnaires doivent exercer leurs bonnes œuvres chez eux en ne s'imposant pas aux Chinois qui ne les demandent pas.

La réponse à ces récriminations est bien simple. Si les missionnaires méconnaissent les règlements qui protègent l'autorité paternelle et l'enfance, il faut signaler leur conduite à la légation, qui la fera cesser. Mais détruire l'institution parce que quelques abus peuvent s'y être glissés, supprimer une liberté consacrée par les traités de 1860 sous le prétexte qu'elle peut dévier en actes arbitraires, c'est une atteinte directe portée aux droits que la convention de Tien-tsin a reconnus. Nous devons donc nous y opposer nettement tout en recommandant aux missionnaires d'établir des règles qui écarteront de leurs maisons des plaintes ou même des soupçons mal fondés.


ARTICLE II. — *Interdiction de l'entrée des églises aux femmes.* Il n'y a pas un mot à ajouter aux réflexions si justes, si sensées, si morales de la note américaine. On comprend qu'une fois entrés dans la voie des exigences, les rédacteurs de la circulaire aient voulu imposer leurs mœurs ; peut-être même ont-ils compris quelle action favorable à l'établissement du culte chrétien la présence des femmes dans les églises pouvait exercer en garantissant aux chrétiens la libre pratique de leur religion. Le traité de Tien-tsin a diplomatiquement tranché la question en faveur de celles qui, dans nos traditions, ont pour protectrice la mère même du Sauveur.


ARTICLE III. — *Immixtion des missionnaires dans les affaires intérieures de l'Empire.* Cet article ne peut faire l'objet d'une disposition réglementaire par la raison que le droit du gouvernement chinois qu'il a pour but d'établir n'est pas contesté. Si des missionnaires s'immiscent dans l'administration civile et politique, ils se rendent coupables d'un abus que nos agents réprimeront. Leur liberté religieuse est garantie par les traités ; tout ce qui la blesse est interdit aux fonctionnaires chinois, mais, par contre, tout fait des missionnaires qui usurperaient dans une mesure quelconque le pouvoir des magistrats ne saurait être toléré. Le gouvernement français a constamment proclamé cette doctrine, elle est la base de toutes ses instructions. Il a la ferme résolution de les faire accepter.

L'article III est donc une récrimination inutile. Il se borne à condamner ce que nous condamnons nous-mêmes, et ce que notre action commune empêchera.

Article IV. — *Patronage accordé par les missionnaires aux chrétiens devant les tribunaux.* Les mêmes réflexions s'appliquent à cet article. Il est excessif s'il signifie que nos missionnaires devront s'abstenir de toute démarche en faveur d'un chrétien. Il est naturel, au contraire, qu'ils s'emploient pour lui, et nul ne peut le trouver mauvais. Mais il y aurait abus.et, par là même, sujet de plainte et de répression si les missionnaires cherchaient à soustraire un coupable ou un condamné à la justice. Ce que demande à cet égard le gouvernement chinois résulte du droit commun et n'a pas besoin d'être stipulé.

Article V. — *Spécialité des passeports délivrés aux missionnaires.* Cet objet de pure police n'en a pas moins une extrême importance. Il a été prévu et réglé par l'article 13 du traité du 25 octobre 1860, dans lequel on lit : « Une protection effi-
« cace sera donnée aux missionnaires qui se rendront pacifiquement dans l'inté-
« rieur du pays, munis de passeports réguliers dont il est question dans l'arti-
cle. 8. » L'article cite des irrégularités dans l'exécution de ces dispositions. Sans les examiner, il faut répondre qu'elles ne changent rien à la règle qui repose sur ces traités, et que le gouvernement français ne s'est jamais refusé à appliquer.

Article VI. — *Examen préalable des néophytes, exclusion de ceux qui auraient été condamnés ou qui auraient commis quelque crime.* Les raisons sur lesquelles s'appuie cette prétention ne sont pas un instant discutables. Le gouvernement chinois semble ici confondre la police et la croyance. Le christianisme n'est pas une association, c'est une religion. Il ne repousse aucune créature humaine. Il appelle celles qui sont déchues à se repentir et à se réhabiliter. C'est en restant toujours pur, mais miséricordieux qu'il attire les pécheurs et les sanctifie. Les missionnaires chargés de les prêcher ne se laisseront pas prendre à de fausses apparences. Ils n'encourageront pas l'hypocrisie, ils auront grand soin de maintenir dans leurs communautés l'ordre, la probité et la régularité des mœurs. Ils sauront éloigner d'eux ceux qui ne se corrigent pas ; mais on ne peut leur interdire telle ou telle conversion, et surtout les soumettre à un examen préalable. C'est encore l'article 13 du traité du 25 octobre 1860 qui repousse cette exigence en disant : « Aucune entrave ne sera apportée par les
« autorités de l'empire chinois au droit qui est reconnu à tout individu en
« Chine d'embrasser, s'il le veut, le christianisme et d'en suivre les pratiques
« sans être passible d'aucune peine infligée pour ce fait. »

L'article VII, *qui demande que les missionnaires observent les usages locaux et s'abstiennent d'employer les sceaux réservés aux fonctionnaires,* ne mérite pas qu'on s'y arrête. Les missionnaires ne sont pas des fonctionnaires, ils ne peuvent en réclamer les prérogatives.

L'article VIII émet une prétention absolument condamnée par l'article 6 du traité du 25 octobre 1860. En effet, il voudrait interdire aux missionnaires la recherche et la revendication des immeubles dont ils ont été dépouillés par des faits violents.

C'est précisément pour leur assurer ce droit qu'il a été convenu, dans l'article 6, ce qui suit : « Conformément à l'édit impérial qui a été rendu, le « 20 mai 1846, par l'auguste empereur Tao-Kouang, les établissements reli- « gieux et de bienfaisance qui ont été confisqués aux chrétiens pendant les per- « sécutions dont ils ont été victimes, seront rendus à leurs propriétaires par l'en- « tremise de S. Exc. le ministre de France en Chine auquel le gouvernement « impérial les fera délivrer avec les cimetières et les autres édifices qui en dé- « pendaient. »

Les missionnaires ne sont donc pas libres, et ils n'ont jamais émis la préten- tion de se faire délivrer les immeubles qui leur plaisent le mieux. Ils ne peuvent réclamer que ceux qui leur ont appartenu, et ils sont tenus de prouver leur droit. Les usurpateurs dépossédés n'ont pas de prétexte pour se plaindre, et s'ils ont amélioré ce qu'ils ont ainsi enlevé à la mission catholique, il y aura lieu d'examiner leur plus ou moins réelle bonne foi et la valeur des amélio- rations. Ce sont là des questions de détail. Nous ne saurions trop insister cepen- dant pour qu'elles soient toujours tranchées de la manière la plus équitable. C'est dans la vie privée une manière certaine d'attirer l'estime et d'éloigner les embarras que de toujours décider contre soi quand on est dans le doute. Cette règle morale a une efficacité particulière quand elle s'applique à des po- pulations disposées à la défiance ; elle les désarme en les désintéressant. Que sur cela les missionnaires consentent à avoir souvent tort, et ils feront une plus ample moisson qu'en se montrant les défenseurs acharnés du moindre de leurs droits.

Cet examen des huit articles conduit le gouvernement français à cette conclu- sion qu'aucun n'est acceptable, qu'aucun même ne lui paraît sérieusement proposé. La circulaire est une escarmouche destinée à éclairer le terrain, à le sonder. Le gouvernement français croit que les chrétiens causent des soucis au gouvernement chinois ; il croit encore plus fort qu'on se sert d'eux comme d'un prétexte. Les adversaires systématiques des étrangers font grand bruit des dan- gers que fait courir la secte occidentale, les habiles créent par là une agitation dont ils profitent. Au fond, néanmoins, le danger existe, il s'est accru depuis quelques années ; il pourrait devenir irrémédiable à moins d'une entente entre les deux gouvernements.

Paris. — Typographie Georges Chamerot, rue des Saints-Pères, 19.

www.ingramcontent.com/pod-product-compliance
Lightning Source LLC
Chambersburg PA
CBHW071334030726
47594CB00002B/648